Kleine Geschichte Prags

Tobias Weger

# Kleine Geschichte Prags

Verlag Friedrich Pustet
Regensburg

Umschlagmotiv:
Blick auf Karlsbrücke und Altstädter Seite. – Lithografie von Jean Jacottet nach einer Zeichnung von Christensen, 1843. (Bildarchiv Preußischer Kulturbesitz, Berlin)

**Bibliografische Information der Deutschen Nationalbibliothek**
Die Deutsche Nationalbibliothek verzeichnet diese Publikation in der Deutschen Nationalbibliografie; detaillierte bibliografische Angaben sind im Internet über http://dnb.d-nb.de abrufbar.

www.verlag-pustet.de

ISBN 978-3-7917-2329-7

Umschlaggestaltung: Atelier Seidel, Teising
Satz: Vollnhals Fotosatz, Neustadt a. d. Donau
Druck und Bindung: Friedrich Pustet, Regensburg
Printed in Germany 2011

# Inhalt

# Vorbemerkung

## Ein aufmerksamer amerikanischer Tourist ...

*Ich fühle mich in dieser fremdartigen, phantastischen, aber schönen Stadt, als wäre ich in einer anderen Welt. Wir sind den ganzen Tag durch gewundene Straßen geschweift, haben manchmal bei einer Kirche Halt gemacht, um die verstaubten Gräber oder Altäre zu besichtigen oder der edlen Musik zu lauschen, die die Morgenmesse begleitet. Ich habe noch nie eine Stadt gesehen, die mich dermaßen mit Gewalt an die Geschichte erinnert hätte. Die Sprache trägt zu diesem Eindruck das Ihre bei. Drei Viertel der Menschen auf den Straßen sprechen Böhmisch, und viele Hinweise sind in derselben Sprache geschrieben, die keinerlei Ähnlichkeit zum Deutschen aufweist. Der Palast der böhmischen Könige blickt noch immer von den westlichen Höhen hinab auf die Stadt, und die Gräber der Könige befinden sich im Dom. Wer die steinernen Stiegen zur Burg erklommen hat, dem eröffnet sich eine großartige Aussicht. Das turmreiche Prag liegt drunten im Tal, von der Moldau mit ihren grünen Inseln durchflossen, ehe sie zwischen den Hügeln im Norden entschwindet.*

Diese begeisterten Worte fand im Jahre 1845 der junge Amerikaner Bayard Taylor, als er auf einer Fußwanderung durch Europa auch die böhmische Hauptstadt Prag erkundete. Prag ist eine Stadt, in deren Gestalt sich eine viele Jahrhunderte zurückreichende Geschichte in einer einmaligen Bausubstanz, aber auch in der Haltung ihrer Bewohner verdichtet hat. In Prag wird noch stets aufs Neue Geschichte geschrieben. Auch die heutigen Besucher der Stadt werden auf Schritt und Tritt durch Denkmäler, Gedenktafeln und moderne Informationshinweise, nicht zuletzt aber durch das faszinierende Stadtbild mit seinem häufig unbekümmerten Nebeneinander von Gebäuden aus unterschiedlichsten Jahrhunderten und Baustilen fast automatisch auf die Vergangenheit gestoßen. An diesem Punkt setzt der vorliegende Band an: Die *Kleine Geschichte Prags* möchte in verständlicher Form, zugleich aber auf der Grundlage wissenschaftlich abgesicherter Informationen ein historisches Grundgerüst vermitteln, das vor Ort oder in der Vor- bzw. Nachbereitung einer Reise das Zurechtfinden in der zunächst verwirrend erscheinenden Fülle an Namen, Stätten und Ereignissen erleichtern soll.

Prag ist seit dem 11. Jahrhundert die Hauptstadt Böhmens bzw. der Böhmischen Kronländer (Böhmen/Čechy, Mähren/Morava und Schlesien/Slezsko); es war von 1918 bis 1993 die Metropole der Tschechoslowakei und ist seit 1993 die Hauptstadt der Tschechischen Republik. „Da außer Prag keine Stadt in Böhmen sich zu einiger Bedeutung erhob, so war der Besitz derselben gewöhnlich von entscheidender Wichtigkeit für den Besitz des ganzen Landes“, stellte schon 1836 der Historiker František Palacký fest. Dieser Satz ist nicht nur in machtpolitischer Hinsicht zu verstehen, sondern drückt auch die kulturelle Vorrangstellung Prags innerhalb Böhmens aus. Die Geschichte Prags und Böhmens sind oft nur schwer voneinander zu trennen; deshalb werden auch im vorliegenden Band dort, wo es zum allgemeinen Verständnis erforderlich ist, allgemeine Zusammenhänge der großen Politik sowie kulturelle Grundströmungen mit berücksichtigt.

Seit Jahrhunderten haben Reisende zum Teil weite Wege auf sich genommen, um Prag zu besuchen. Eine einmalige topographische Lage, eine reiche Geschichte, herausragende Bauwerke und bedeutende Kunstsammlungen sowie ein vielfältiges Kulturleben tragen zu Prags ungebrochener Beliebtheit bei. Prag ist eine Stadt, die ihre Traditionen pflegt und sich zugleich gegenüber Neuem aufgeschlossen zeigt. Prag – das ist aber nicht nur ein unvergessliches Stadtbild. Zur Hauptstadt der Tschechischen Republik gehören auch ihre Menschen, und von ihnen soll auch in diesem Buch immer wieder die Rede sein.

Der Autor bedankt sich bei Dr. Eva Hahn, Augustfehn, und Dr. Konrad Gündisch, Oldenburg, für wertvolle Hinweise, die inhaltlich in den Text eingeflossen sind.

# Eine mittelalterliche Stadt entsteht

## Vor- und Frühgeschichte

Die frühesten Spuren menschlicher Anwesenheit im Tal der Moldau (Vltava) und den umliegenden Anhöhen im heutigen Stadtgebiet von Prag weisen bis in die Altsteinzeit zurück. Auch aus der Jungsteinzeit, der Bronze- und der Eisenzeit sind aus dieser Region zahlreiche verstreute Siedlungsrelikte und Einzelfunde nachweisbar. In der Hallstatt- und der La-Tène-Zeit, im ersten Jahrtausend v. Chr., existierte im heutigen südlichen Prager Stadtteil Závist auf einer steil über der Moldau aufragenden Erhöhung ein großes Oppidum, dem heutige Wissenschaftler eine Art Zentralfunktion für Mittelböhmen zuschreiben. Gräben, Wälle und Palisaden schützten dort im 2. Jahrhundert v. Chr. eine Fläche von 118 Hektar, auf der permanent zwischen 1000 und 3500 Menschen lebten, während bei Gefahren sogar einer größeren Zahl Zuflucht gewährt werden konnte. Archäologen fanden dort Reste von Weber-, Schmiede- und Töpferwerkstätten, während offensichtlich Gegenstände aus Glas und Bronze importiert wurden. Ab dem 6./7. Jahrhundert n. Chr. nutzten diese Wallanlage auch die nach Böhmen zuwandernden Slawen. Davor lebten hier nachweislich Kelten sowie nach ihnen vorübergehend Angehörige anderer prähistorischer Gruppen, etwa der Markomannen und der Langobarden, die sich allerdings nicht auf Dauer in dieser Region niederließen.

Die Tschechen sind, ähnlich wie die sprachlich verwandten Polen, Slowaken, Kaschuben, Sorben sowie die einstigen Elbslawen, ein westslawisches Volk, das sich im frühen Mittelalter aus mehreren Stammesverbänden zu einer ethnisch-politischen Einheit formierte. Sie wanderten seit dem 5. Jahrhundert in zwei Wellen in die Böhmischen Länder ein und ließen sich nicht nur im heutigen Prager Süden, sondern auch im heutigen Prager Norden in mehreren Siedlungen nieder. Dort stießen Archäologen auf zahlreiche Überreste erster fester Ansiedlungen und auf Bestattungsspuren.

# Die Welt der Sagen

## Cosmas von Prag über die Prophezeiung der Libuše

*Während die ersten Gesetze geschaffen wurden, weissagte die Herrin, von ihrem Innersten getrieben, in Gegenwart ihres Gemahls Přemysl und anderer einflussreicher Männer des Volkes: „Ich sehe eine Stadt, deren Glanz bis zu den Himmelskörpern reicht, die jetzt noch ein Dorf ist, dreißig Meilen von hier am Ufer der Moldau im Wald gelegen. Im Norden schützt in einem tief eingeschnittenen Tal der Bach Brusnice die Stadt, im Süden liegt ein auffallend hoher Berg, der aufgrund seiner Felsen Petřín genannt wird. Er besitzt die Form eines Delphins bzw. eines Meerschweinchens, und seine Ausläufer reichen bis an den Bach heran. Wenn ihr dort hinkommt, werdet ihr mitten im Wald einen Mann antreffen, der an der Türschwelle seines Haus arbeitet. Weil sich auch hoch gewachsene Herren beim Übertreten der Schwelle bücken müssen, nennt die zu gründende Stadt Praha* [tschechisch prah = Schwelle]. *In dieser Stadt werden einstmals zwei Ölbäume wachsen, deren Wipfel bis in den Siebten Himmel reichen und in aller Welt durch Zeichen und Wunder glänzen werden. Die Stämme Böhmens und der übrigen Völker werden ihnen gebührend Opfergaben darbringen. Einer der beiden Bäume heißt Große Ehre* [Maior Gloria, gemeint war der heilige Wenzel], *der andere Heerestrost* [Exercitus Consolatio, gemeint war der heilige Adalbert]."
*Libuše hätte sicherlich noch mehr geweissagt, wenn nicht der Orakelgeist vor der Erscheinung Gottes zurückgewichen wäre. Man begab sich anschließend sofort in den besagten alten Wald, und nachdem man die prophezeiten Zeichen dort angetroffen hatte, wurde Prag, die Hauptstadt ganz Böhmens, erbaut.*

Die frühmittelalterliche Geschichte Prags ließ sich zum einen anhand von archäologischen Befunden relativ gut rekonstruieren. Bauarbeiten und systematische Grabungen tschechischer Prähistoriker bringen nach wie vor nicht selten neue Spuren aus alten Zeiten ans Tageslicht. Das Frühmittelalter war in der tschechischen Literatur aber auch stets – seit der allerersten, von Cosmas von Prag im 12. Jahrhundert verfassten Chronik des Landes – ein Gegenstand sagenhafter Überlieferungen.

Libuše, die mythische Stammmutter der Přemysliden-Dynastie, und ihr Gemahl Přemysl. – Skulptur von Josef Václav Myslbek, geschaffen 1881–1890 für die Palacký-Brücke, als Kopie auf dem Vyšehrad.

Eine der bekanntesten von ihnen behandelt die Wahrsagerin Libuše (Libussa), die dritte Tochter des Richters Krok. Ihre älteste Schwester Kazi soll eine geachtete Ärztin gewesen sein, die mittlere Schwester Teta eine Fürstin. Die schlagfertige und kluge Libuše hingegen sei von ihrem Vater zu dessen Nachfolgerin im Richteramt bestimmt worden. Ihre männlichen Untergebenen hätten es nur schwer akzeptieren können, von einer Frau Befehle zu empfangen. Daher habe Libuše den unbescholtenen Pflüger Přemysl zu ihrem Mann und damit zum Herzog auserkoren, mit dem sie das Geschlecht der

Přemysliden begründet und anschließend die Gründung Prags vorhergesagt habe.

Die sich an diese Erzählung anschließende Sage vom „Mädchenkrieg" handelt davon, dass nach Libušes Tod die von den Anhängern ihres Mannes entmachteten Frauen aus ihrem Gefolge an den männlichen Beratern und Helfern Přemysls für diese Demütigung Rache üben wollten. Šárka, die Anführerin dieser amazonenhaften Streitmacht, habe sich jedoch dabei in den männlichen Heerführer Ctirad verliebt; als Ctirad mitsamt seinen Mannen in einen Hinterhalt gelockt und ermordet worden sei, habe sich Šárka aus Reue von einem Felsen in ein Tal gestürzt. Das Mädchenheer soll übrigens der Sage nach später von den Getreuen Přemysls bezwungen worden sein. Noch heute erinnert im Prager Nordwesten das zerklüftete Naturgebiet Divoká Šárka [Wilde Šárka] an diese mythische Begebenheit. Tatsächlich befand sich in diesem Bereich über zwei Felsabhängen eine der frühen, später aber wieder aufgegebenen tschechischen Siedlungen aus dem 8./9. Jahrhundert.

## Prag im Frühmittelalter – historische Befunde

Weitere slawische Siedlungsreste aus dem 8./9. Jahrhundert konnten bei den Burgwällen von Butovice und Zámka bei Bohnice nachgewiesen werden. Die Přemysliden, die zu einem der führenden tschechischen Adelsgeschlechter aufstiegen, hatten zunächst ihren Sitz in Levý Hradec, nordwestlich des heutigen Prager Stadtgebiets. Fürst Bořivoj I. (um 872–888), mit dem die Přemysliden erstmals konkret historisch fassbar werden, wurde während der Auseinandersetzungen zwischen dem Ostfränkischen Reich und dem Großmährischen Reich von den Franken aus Levý Hradec vertrieben und fand in Mähren Aufnahme, wo er von Method die Taufe empfing. Nach seiner Rückkehr nach Böhmen, die ihm die Hilfe des großmährischen Fürsten Svatopluk ermöglicht hatte, gründete Bořivoj zunächst in Levý Hradec die Kirche St. Kliment, das älteste christliche Gotteshaus Böhmens. Kurz darauf verlagerte Bořivoj seinen Sitz um etwa 10 Kilometer und gründete eine Burg auf dem Gebiet des späteren Hradschin (Hradčany, abgeleitet vom tschechischen Wort „hrad" = Burg). Dort ließen Bořivoj und seine Frau Ludmila im Jahre 885 eine Marienkirche einweihen. Im Schutz dieser Burgstätte entstand zunächst eine Siedlung am linken Moldauufer. Zug um Zug entwickelte sich Prag zu einem politisch-wirtschaftlichen, aber auch kulturellen Mittelpunkt Böhmens, zumal nach der Loslösung vom Großmährischen Reich (im Jahre 895), das wenige Jahre darauf von finnougrischen Stämmen zerstört wurde. Im heutigen Prager Stadtgebiet ließ sich nicht nur die Moldau bei niedrigem Wasserstand durch eine Furt passieren, hier liefen auch wichtige Verkehrswege aus allen Himmelsrichtungen zusammen.

Bořivojs Sohn, Herzog Spytihněv I. (904–915), verstärkte die politisch-kulturelle Ausrichtung seiner Herrschaft auf den Westen. Neben die frühere Missionierung durch die beiden „Slawenapostel" Kyrill und Method im 9. Jahrhundert trat nun eine verstärkte Missionstätigkeit und Einflussnahme der Bistümer Passau, Regensburg und Mainz. Im Jahre 926 wurde auf der Prager Burg die Veitsrotunde (Rotunda sv. Víta) errichtet, deren Fundamente noch unter dem Veitsdom zu sehen sind. Es handelte sich um einen Rundbau mit vier Apsiden, in dem in den 960er-Jahren die sterblichen Überreste des von seinem Bruder Boleslav in Stará Boleslav 935 ermordeten jugendlichen Herzogs Wenzel/Václav beigesetzt wurden. Wenzel wurde noch zu Lebzeiten Boleslavs zum ersten Landespatron Böhmens.

Prag entfaltete sich im 10. Jahrhundert aber nicht nur in kirchlicher, sondern auch in weltlicher und wirtschaftlicher Hinsicht. Ein beredtes Zeugnis für den frühen kulturellen Rang der Stadt gibt der Bericht des jüdisch-arabischen Kaufmanns Ibrahim Ibn Jakub, der um 965 von der iberischen Halbinsel nach Böhmen reiste. Er bezeichnete Prag als eine aus „Stein und Kalk" errichtete Stadt, die weithin als Handelsmittelpunkt bekannt sei. Prag werde von Angehörigen mehrerer slawischer Völker, aber ebenfalls von Mohammedanern frequentiert. Diese brächten Getreide und Metalle in die Stadt, während vor Ort etwa Sättel, Zaumzeug und Rüstungen hergestellt würden. In jüngerer Zeit konnten die Angaben Ibrahims aufgrund archäologischer Befunde verifiziert werden. Damit besaßen die frühen slawischen Stadtbewohner mit festen Steinhäusern bereits im 10. Jahrhundert einen Lebensstandard, der in Mitteleuropa zu jener Zeit außerhalb der einstigen Grenzen des Imperium Romanum kaum anzutreffen war.

## Der Vyšehrad als zweite Burganlage

Ein zweites wichtiges Machtzentrum kristallisierte sich in der ersten Hälfte des 10. Jahrhunderts im Süden mit dem hoch auf einem steilen Felsen über dem rechten Moldauufer gelegenen Vyšehrad [Hohe Burg] heraus. In den 980er- und 990er-Jahren existierte dort unter Herzog Boleslav II. sogar eine eigene Münzstätte. Um 1061 wurde mit dem Bau der heute nur noch in ihren Fundamenten vorhandenen Laurentiusbasilika begonnen. Herzog Vratislav II. verlegte im Jahre 1070, vermutlich nach einer Auseinandersetzung mit seinem Bruder Jaromír, seinen Herrschaftsmittelpunkt vom Hradschin auf den Vyšehrad. Er gründete dort einen Palast, das kirchenrechtlich unmittelbar dem Papst in Rom unterstellte Kollegiatstift St. Peter und Paul und weitere Gotteshäuser, darunter die noch heute vorhandene romanische St.-Martins-Rotunde. Nach dem Vyšehrad ist der *Codex Wyssegradensis* benannt, eine der kostbarsten Handschriften des 11. Jahrhunderts in Böhmen, die um 1085 als Krönungsevangeliar Vratislavs II. vermutlich im Skriptorium der Regensburger Abtei St. Emmeram angefertigt, aber einst am Vyšehrad aufbewahrt wurde. Unter seinen wertvollen Buchmalereien befindet sich neben biblischen Szenen, etwa einer frühen Wiedergabe des Baumes Jesse, auch ein Bild des von Gott gesegneten Herzogs Wenzel I.

Während Herzog Soběslav I. den Vyšehrad noch weiter ausbaute, schlug dessen Neffe und Nachfolger Vladislav II. (1140–1172) seinen Hauptsitz wieder auf dem Hradschin auf. Die weltliche Bedeutung des Vyšehrad ging damit bis zur Regierungszeit Kaiser Karls IV. stark zurück, allerdings florierten die kirchlichen Stiftungen auf Prags zweitem Burgberg auch in den folgenden Jahrzehnten weiter.

Der Vyšehrad im Jahre 1420 und im Jahre 1905. – Ansichtskarte, 1905.

Der thronende, von Gott gesegnete Herzog Wenzel der Heilige. – Widmungsbild aus dem *Codex Wyssegradensis*, Regensburg, vor 1085. Nationalbibliothek Prag.

## Zwischen Kirche, Staat und Stadtbürgern

Im Jahre 973 stiftete Herzog Boleslav II. in Prag ein selbstständiges Bistum, das kirchenrechtlich bis ins 14. Jahrhundert dem Erzbistum Mainz unterstand, während zuvor Regensburg die kirchliche Oberaufsicht über Böhmen ausgeübt hatte. Erster Bischof wurde der sächsische Mönch Thietmar/Dětmar, ein Benediktinermönch aus dem Kloster Corvey, der für seine neue Aufgabe die tschechische Sprache erlernt hatte. Während seiner Amtszeit entstand auf dem Burggelände im Jahre 976 das älteste Kloster Böhmens, die Benediktinerinnenabtei St. Georg (Klášter sv. Jiřího). Als erste Äbtissin amtierte die begabte Mlada, die jüngste Tochter Boleslavs II., die an der Prager Bistumsgründung einen nicht unerheblichen diplomatischen Anteil gehabt hat. Das Georgskloster, dessen Kirche in ihrer heutigen Form im Wesentlichen nach 1142 erbaut wurde, blieb in den folgenden Jahrhunderten eng mit der Přemysliden-Dynastie verbunden, deren frühe Vertreter in der Kirche auch ihre Grablege besaßen. Im 11. Jahrhundert ging vom Georgskloster der Impuls zur Kanonisierung der Heiligen Ludmila, der Großmutter des heiligen Wenzel, als weitere böhmische Landespatronin aus.

Zunächst waren die Přemysliden freilich nur einer unter mehreren rivalisierenden tschechischen Familienverbänden. Sie mussten sich gegenüber ihrer Konkurrenz behaupten, ehe sie die Herrschaft über ganz Böhmen für sich beanspruchen konnten. In diesen Zusammenhang gehört etwa die Ausschaltung der mit ihnen rivalisierenden Slavnikiden-Dynastie im Jahre 995. Einer ihrer berühmtesten Vertreter war der zweite Prager Bischof, der später heilig gesprochene Vojtěch (Klostername: Adalbert). Er war 982 der zweite Bischof von Prag geworden, hatte nach sechs Jahren enttäuscht sein Bistum verlassen und war über die Abtei Montecassino in das Kloster St. Bonifatius und Alexius auf dem Aventin in Rom eingetreten, das einer mystischen Richtung des Christentums anhing. Der Papst schickte Vojtěch wieder nach Prag zurück, wo er gemeinsam mit Herzog Boleslav II. am 14. Januar 993 unweit der Burg die Benediktinerabtei Břevnov gründete, die sich zu einer der führenden Mönchsniederlassungen in Böhmen entwickelte. Dem Schlag der Přemysliden gegen die Slavnikiden entkam Vojtěch nur, da er zum fraglichen Zeitpunkt erneut außerhalb Böhmens weilte. Im Jahre 997 wurde er im späteren Preußen auf einem Missionszug von den heidnischen Pruzzen erschlagen und zunächst im polnischen Gnesen (Gniezno) bestattet. Bereits zwei Jahre später sprach ihn Papst Silvester II. heilig.

Den Aufstieg der Přemysliden unterbrach vorübergehend die Einnahme Böhmens und Prags durch den polnischen Herrscher Bolesław Chrobry in den Jahren 1003–1004. Mit Unterstützung Kaiser Heinrichs II. gelang es den Přemysliden jedoch, ihre Befehlsgewalt über Böhmen erneut zu festigen. Wenige Jahrzehnte später mussten sich die Přemysliden selbst gegen militärische Vorstöße aus dem Heiligen Römischen Reich zur Wehr setzen, beispielsweise im Jahre 1040 vor Prag gegen ein sächsisches Heer. Herzog Břetislav I. musste sich im Jahre 1041 dem Salierkaiser Heinrich III. unterwerfen und dessen Bedingungen akzeptieren. Diese fielen jedoch relativ milde aus: Die aus Gnesen überführten Gebeine des heiligen Adalbert durften in Prag bleiben; der böhmische Herzog erhielt zudem die Oberherrschaft über Mähren.

Im Schutz der beiden Burganlagen Hradschin und Vyšehrad, die topografisch nach Westen und Süden die spätere Stadtfläche absteckten, entwickelten sich im 11. und 12. Jahrhundert mehrere feste Ansiedlungen entlang der Moldau und einiger Handelswege. Diese kleineren Siedlungskerne wuchsen später zu städtischen Anlagen zusammen. Nördlich der späteren Altstadt, deren Kern damals Podhradí [Unter der Burg] genannt wurde, ließen sich auch deutsche und jüdische Kaufleute nieder. An diese Ansiedlung namens Poříčí [tschechisch „po řece" = am Fluss] erinnert noch heute die alte Straßenbezeichnung Na Poříčí. Ein wesentliches Motiv für diese Niederlassung war die Lage an der Kreuzung wichtiger Handelsstraßen und die Existenz zweier Furten durch die Moldau. Poříčí und weitere lose Ansiedlungen besaßen jeweils eigene Pfarr- und Friedhofskirchen. Die Prager Juden verfügten nachweislich schon im Jahre 1124 über eine Synagoge, deren Standort bisher nicht zweifelsfrei ermittelt werden konnte. Neben Tschechen, Juden und Deutschen lebten in

Prag damals auch Menschen italienischer Herkunft, die sich im Laufe des folgenden Jahrhunderts sprachlich assimilierten.

Während des 11./12. Jahrhunderts expandierte der Hradschin. Ab 1060 wurde an die Veitsrotunde eine dreischiffige romanische Basilika angebaut, die ihrer Funktion als Bischofskirche gerecht wurde. Nach und nach bildete sich eine reguläre Bistumsorganisation mit einem Kapitel heraus, das bei Bedarf durch Wahl die Nachfolge eines verstorbenen Bischofs regeln konnte, damit aber in Konflikt mit der weltlichen Macht geriet. Um 1125 kam eine neue Befestigung um die gesamte Burganlage mit ihren profanen und sakralen Bauten hinzu, von der sich Reste bis in die Gegenwart erhalten haben. Aufgrund der engen Verbindung von liturgischen und herrschaftlichen Funktionen war in mittelalterlichen Quellen auch die Bezeichnung „Castrum Sancti Wenceslai", Burg des Heiligen Wenzel, gebräuchlich. Zu Anfang des 12. Jahrhunderts entstand dort die älteste mittelalterliche Chronik der Böhmischen Länder, die *Chronica Boemorum* des Klerikers Cosmas von Prag, die in drei Büchern die Landesgeschichte von den sagenhaften Anfängen bis in seine Zeit umfasst.

Die Entstehung neuer kirchlicher Gemeinschaften und Orden wirkte sich auch auf Prag aus. Herzog Vladislav II. und der Olmützer Bischof Jindřich Zdík, einer der großen mährischen Geistlichen seiner Zeit, begründeten im Jahre 1140 gemeinsam am südlichen Rand der Burgsiedlung das Prämonstratenserkloster Strahov. Wenig später existierten in Prag Niederlassungen von Ritterorden, die auf den Kreuzzügen gegründet worden waren: eine Kommende der Johanniter, ein Kloster der Ritter vom Heiligen Grab zu Jerusalem, ein Haus des Deutschen Ordens und ein Templerkloster, das bis zur gewaltsamen Auflösung dieses Ordens im Jahre 1309 bestand. Nahezu alle Kirchen und Klöstern betrieben eigene Schulen, die Klöster zumeist auch Schreibstuben und handwerkliche Betriebe.

Der zunehmende Wohlstand der Stadt war für Händler und Handwerker sehr attraktiv. Um das Jahr 1100 wurde in der späteren Altstadt der Teynhof angelegt, der in zeitgenössischen Quellen als „Curia hospitum mercatorum" aufscheint, als Hof der auswärtigen Kaufleute. Händler, die damals nach Prag kamen, mussten in dieser Institution dem Landesherrn einen Zoll entrichten, den so genannten Ungelt. Aufgrund dieses Umstands wird der gesamte Gebäudekomplex bis heute als „Ungelt" bezeichnet. Vermutlich rührt auch der Name der dort vorbeiführenden Zeltnergasse (Celetná ulice) von dem tschechischen Wort „clo" für Zoll her.

Die wachsenden Verkehrsströme von Menschen und Waren erforderten eine Verbesserung der Kommunikationswege in und um Prag, zumal die schwankenden Wasserstände der Moldau die bislang benutzten Furten mehrmals im Jahr unpassierbar machten und Hochwasser mit ihrem Treibgut eine bestehende Holzbrücke gefährdeten.

## Die Judithbrücke

Seit 1172 überspannte die in 14-jähriger Bauzeit errichtete Judithbrücke (Juditin most), die nach der Steinernen Brücke zu Regensburg zweitälteste heute noch bekannte gemauerte Brücke nördlich der Alpen, die Moldau. Die Anregung zu ihrem Bau gab vermutlich der Prager Bischof Daniel, der auf einer Reise nach Italien in Begleitung des Königs Vladislav II. dort vergleichbare Brücken kennen gelernt und studiert hatte. Vladislavs Gemahlin Judith von Thüringen wurde zur Förderin und Namensgeberin dieser frühen technischen Meisterleistung. Es wird angenommen, dass italienische Maurer und Steinmetze den Bau der Brücke ausführten, die eine Gesamtlänge von 514 Metern aufwies. Die Judithbrücke stand bis zum Januar 1342, als sie ihrerseits durch Treibeis und -holz zerstört wurde. Bei niedrigem Wasserstand der Moldau lassen sich bis heute von der Karlsbrücke aus im Flussbett die Fundamente ihrer einstigen Brückenpfeiler erkennen.

Einflüsse aus Italien, möglicherweise durch Regensburg vermittelt, kann man auch an der Struktur der Prager Häuser aus der romanischen Zeit ablesen. Häufig handelte es sich um zweigeschossige Steinhäuser mit großzügigen Kellergewölben, die auf die Einlagerung wichtiger Handelsgüter im Hochmittelalter hindeuten. Eine ganze Reihe von ihnen können noch heute in Prag besichtigt werden, einige davon werden jetzt als Kellerlokale oder Galerien genutzt.

## Die rechtliche Gründung der Altstadt

Um 1232 sorgte König Václav I. für die Befestigung der am rechten Moldauufer gelegenen Ansiedlung Podhradí – der „Größeren Stadt“ (Větší Město) – und verlieh ihr ein einheitliches Stadtrecht nach Nürnberger Vorbild. Ihr doppelter Mauerring zerschnitt zum Teil bestehende, ältere Siedlungskerne, wovon etwa der Name der Kirche St. Martin an der Mauer stammt. Sie wurde im 13. Jahrhundert regelrecht in die Stadtmauer eingebaut. An anderen Stellen wurde die Stadtgrenze so großzügig ausgelegt, dass sie noch einen inneren Ausbau der neuen Stadtgründung ermöglichte. Der Verlauf der etwa 3,5 Kilometer langen altstädtischen Mauer lässt sich bis heute sehr gut im Stadtbild nachvollziehen: Sie reichte – auf die heutige Topografie bezogen – vom Nationaltheater über die Nationalstraße (Národní třída), den Můstek und die Straße Am Graben (Na Příkopě) zur Revolutionsstraße (Revoluční třída). Somit umspannte sie nach Osten hin ein Oval, das durch die Moldau gegen Westen zu einen natürlichen Schutz hatte.

Die mittelalterliche Altstadt darf man sich gleichwohl nicht als ein homogenes Gebilde vorstellen. In ihr existierten alte Siedlungskerne noch eine Zeitlang weiter und wurden sogar neue ausgewiesen: Der nachmalige königliche Münzmeister Eberhard legte etwa mit Kolonisten aus Süddeutschland die Gallusstadt an. Sie erstreckte sich als „Stadt in der Stadt“ um den Neuen Markt vom Obstmarkt bis zum Kohlenmarkt und besaß bis zum Erlass des Altstädter Rechts im Jahre 1287 eine eigenständige Rechtsordnung. Deutsche Kaufleute genossen in Prag bereits seit der Regierungszeit Soběslavs II. (1173–1179) einen rechtlichen Sonderstatus. Ab 1287 bestimmte über die Geschicke der Altstadt ein zwölfköpfiger Stadtrat, der sich aus einem Kreis auserwählter Patrizierfamilien, den „Geschworenen“ (iurati), rekrutierte.

In der Nähe ihrer Pfarrkirche St. Gallus befand sich seit dem 14. Jahrhundert eine lange Markthalle mit zahlreichen Verkaufsbuden. Außerhalb der Gallusstadt lag in der Altstadt die romanische Heilig-Kreuz-Rotunde aus dem ausgehenden 11. Jahrhundert, außerhalb der Altstadt eine weitere Rundkirche, die historisch etwas jüngere St. Linharts-Rotunde.

Den Mittelpunkt der Altstadt bildet eine unregelmäßige Platzanlage, der Marktplatz oder Altmarkt. Seit dem 14. Jahrhundert setzte sich die Bezeichnung „Rynk“ oder Altstädter Ring (Staroměstský rynk) durch, noch später die moderne tschechische Namensgebung „Staroměstské náměstí“. Prag profitierte im 13. und frühen 14. Jahrhundert wirtschaftlich von dem großen Silberreichtum der Böhmischen Länder. So entwickelte sich ein weit reichender Handel, der genau organisiert war. Manche besonderen Waren, etwa aus weiter Ferne importierte Luxusgüter, wurden nur anlässlich von Jahrmärkten angeboten – in der Altstadt an den Festtagen der Heiligen Veit (15. Juni) und Wenzel (28. September) –, gebräuchlichere Waren für den Haushaltsbedarf auch auf Wochen- oder Tagesmärkten.

Neben dem Patriziat und einer verhältnismäßig wohlhabenden Mittelschicht aus Handwerkern und Kleinhändlern lebten in Prag natürlich auch Arme, Tagelöhner und Bettler, die etwa ein Drittel der Stadtbevölkerung ausmachten und für die sich eine spezifische Form der kirchlichen Fürsorge entwickelte. Schon im 13. Jahrhundert waren in der Altstadt diverse Bettelorden mit eigenen Niederlassungen vertreten, etwa die Dominikaner (1226) mit der Klemenskirche und die Franziskaner (1228) mit der Jakobskirche. Agnes von Böhmen (1211–1282), eine Tochter König Přemysl Otakars I., die zunächst als mögliche Gattin diverser europäischer Herrscher auserkoren worden war, sich aber für ein karitatives Leben entschied, stiftete im Jahre 1232 in der Altstadt ein Doppelkloster für Minoriten und Klarissen, das Spital des Heiligen Franziskus und das später nach ihr benannte Agneskloster. Es war das früheste gotische Kloster in den Böhmischen Ländern, in das Agnes im Jahre 1237 selbst als Nonne eintrat. Die 1989 heilig gesprochene Agnes von Böhmen gründete nicht nur dieses Kloster, sondern sogar einen eigenen Orden, die Kreuzherren vom Roten Stern, die sich ebenfalls auf dem Gebiet der Kranken- und Armenpflege betätigen sollten und später Niederlassungen in Mähren, Schlesien, Polen und Ungarn unterhielten.

Die Bauforschung hat inzwischen erwiesen, dass die bei der Ausgestaltung des Agnesklosters tätigen Steinmetze auch beim Bau der nicht weit entfernt gelegenen Altneusynagoge tätig waren, des ältesten erhaltenen jüdischen Gotteshauses Mitteleuropas. Ihr Tympanon mit einem Baum des Lebens und ihre

Inneres der Altneusynagoge (Staronová synagoga). – Grafik von Anton Weber, 1896.

feinen Kapitelle zählen zu den Meisterwerken der böhmischen Bildhauerkunst des 13. Jahrhunderts. Der Befund wirft ein neues Licht auf die Beziehungen zwischen den Religionen in Prag im Hochmittelalter. Die Prager Juden genossen mit den von König Přemysl Otakar II. am 29. März 1254 verkündeten *Statuta Judaeorum* [Judenstatuten] eine geregelte Rechtsstellung und verfügten über eine eigene Verwaltungsstruktur und Rechtsprechung. In der jüdischen Tradition blieb dieses Dokument als „Magna Charta" der Prager Judengemeinde in Erinnerung. Prag besaß im ausgehenden 13. Jahrhundert bereits eine Talmud-Schule, die sich hoher Reputation erfreute.

### Ein unachtsamer Prämonstratensermönch

> Zu den größten Gefahren mittelalterlicher Städte zählten Brände. Eine Chronik berichtet von einem Feuer im Kloster Strahov, das zwischen 1258 und 1263 neu aufgebaut werden musste:
> *Im Jahre des Herrn 1258, am 19. Oktober in der ersten Nachtstunde, die die stürmische genannt wird, brannte die Klosterkirche des Mons Sion, anders auch Strahov genannt, infolge einer Kerze ab, die ein Klosterbruder, der dort schlief, unachtsam neben seinem Bett aufgestellt hatte. Mit Gottes Ratschlag wurde die Kirche nachher noch schöner wieder aufgebaut, mit allen Gebäuden, die um den Kreuzgang typischerweise zu einem Kloster gehören und von der Macht des Feuers zerstört worden waren.*

## Zwischen Burg und Moldau – die Kleinseite

König Václav I. hatte aufgrund von Erfahrungen in diversen Auseinandersetzungen im Jahre 1251 den Auftrag erteilt, den Brückenkopf der Judithbrücke am linken Moldauufer sowie die sich daran zum Hradschin hin anschließende Siedlung mit einer Mauer und Verteidigungsanlagen zu befestigen. Sein Nachfolger, König Přemysl Otakar II., siedelte im Jahre 1257 eine Gruppe überwiegend norddeutscher Kolonisten im Gebiet unterhalb der Burg, auf dem linken Ufer der Moldau, an und verlieh dieser Stadt das Magdeburger Stadtrecht, wodurch die „Nova civitas sub castro Pragensis", die neue Stadt unterhalb der Prager Burg, entstand – nicht zu verwechseln jedoch mit der späteren Neustadt. Zunächst nannte man diese Neugründung „Parva civitas Pragensis", die „Kleinere Stadt zu Prag" (Menší Město), erst später bürgerte sich für diese Stadt der Name Kleinseite (Malá Strana) ein. Um einen großen, rechtwinkligen Marktplatz, den heutigen Kleinseitner Ring (Malostranské náměstí), entstanden neue Bürgerhäuser, außerdem 1283 eine neue Pfarrkirche, die dem heiligen Nikolaus, dem Patron der Kaufleute, geweiht war.

Erst später als in der Altstadt erhielt auch die Kleinseite ein Repräsentativorgan in Gestalt eines dort aus sechs Personen gebildeten Stadtrats. Er ist erstmals im 15. Jahrhundert nachweisbar.

# Prag als spätmittelalterliche Metropole

## Von den Přemysliden zu den Luxemburgern

Die Dynastie der Přemysliden starb im Jahre 1306 im Mannesstamm aus; danach entbrannte um Böhmen ein heftiger Nachfolgestreit zwischen unterschiedlichen Parteien, aus dem letztlich die Luxemburger siegreich hervorgingen, die für die folgenden Jahrzehnte den Geschicken der Böhmischen Länder ihren Stempel aufprägten und unter Kaiser Karl IV. Prag zu einer der damals größten und prachtvollsten Metropolen Europas ausbauten.

Zuvor gelang es aber schon dem Přemyslidenkönig Wenzel II., Prag eine friedvolle Zeit zu sichern. Dabei standen zunächst nach dem Tod seines Vaters Přemysl Otakar II. die Zeichen nicht zum Besten für ihn. Der zu seinem Vormund erwählte Otto V. von Brandenburg nahm 1279 Prag ein, herrschte in der Stadt mit strenger Hand und ließ den erst achtjährigen Wenzel in Spandau festsetzen. In Böhmen brach 1281–1282 eine katastrophale Hungersnot aus, die alleine in Prag mehrere Tausend Tote hinterließ. Erst 1283 kehrte Wenzel II. nach Prag zurück, geriet aber unter den Einfluss des Witigonen Zawisch von Falkenstein, eines Verbündeten seiner Mutter Kunigunde von Halitsch/Kunhuta Haličská. Wenzel II. ließ Zawisch gefangen nehmen und hinrichten, woraufhin er das südlich von Prag am Zusammenfluss von Moldau und Berounka gelegene Zisterzienserkloster Zbraslav (Königsaal/Aula Regia) stiftete und mit dem eingezogenen Besitz Zawischs belehnte.

Wenzel II. entwickelte als König eine umsichtige, diplomatische Politik: 1300 erlangte er als Wacław I. den polnischen, 1303 für seinen jugendlichen Sohn Wenzel III. auch den ungarischen Thron. Er selbst war ein großer Freund der Künste und betätigte sich auch dichterisch, weshalb er als Minnesänger in die *Manessesche Liederhandschrift* aufgenommen wurde. Seine vielleicht nachhaltigste Tat war die Verwirklichung einer Münzreform im Jahre 1300, da ihm aufgrund der reichen Silbervorkommen im ostmittelböhmischen Kuttenberg (Kutná Hora) riesige Geldmengen zur Verfügung standen. Der damals geschaffene Prager Groschen (Pražský groš) wurde während des gesamten Spätmittelalters zu einer Art Leitwährung Mittel-

Wenzel II., König von Böhmen und Markgraf von Mähren. – Miniatur aus der *Großen Heidelberger Liederhandschrift* (*Codex Manesse*), Zürich, um 1300–1340. Universitätsbibliothek Heidelberg.

europas, ehe er in der Frühen Neuzeit durch eine andere böhmische Münzeinheit, den Taler aus St. Joachimsthal (Jáchymov), abgelöst wurde.

Wenzel II. erlebte 1303 noch einen großen Brand der Prager Burg und musste notgedrungen in die Altstadt umziehen, wo er bald darauf auch verstarb. Während seiner Regierungszeit gründete Burggraf Hynek Berka z Dubé die dritte Prager Stadt Hradschin (Hradčany), im Umfeld der damals ausgebrannten Burg. Im Unterschied zur Altstadt und zur Kleinseite handelte es sich dabei nicht um eine freie Königsstadt, sondern um eine tributpflichtige und lehnsabhängige Stadtanlage. Wenzel III. war nur eine kurze Regierungszeit beschieden, denn er fiel schon 1306 in Olmütz (Olomouc) einem Mordanschlag zum Opfer. Eine bedeutende Frauengestalt in Prag an der Wende des 13./14. Jahrhunderts war eine Schwester Wenzels II., Kunigunde/Kunhuta Přemyslovna, die als Äbtissin dem Georgskloster auf der Prager Burg vorstand. Das für sie um 1315–1321 angefertigte *Passional* mit einem berühmten Widmungsbild und zahlreichen weiteren Miniaturen zählt zu den wichtigsten illuminierten Handschriften der ausklingenden Přemyslidenzeit.

Den Thronstreit nach dem Erlöschen der männlichen Přemyslidenlinie entschied schließlich Johann von Luxemburg, genannt Johann der Blinde, für sich. Er wurde mit Elisabeth/Eliška Přemyslovna, einer Tochter Wenzels II., vermählt und 1310 zum König von Böhmen gekrönt. Da sein Interesse aber vor allem außenpolitischen Fragen galt, vernachlässigte er seine Herrschaft und sah sich im Jahre 1319 mit einem von seiner eigenen Frau unterstützten Aufstand der Prager Bürgerschaft konfrontiert. Johanns unmittelbares Interesse an Böhmen ging daraufhin zurück; er kümmerte sich nicht mehr besonders um Prag, Böhmen und seine Gattin; den gemeinsamen Sohn Václav, den späteren Karl IV., ließ er am französischen Hof auf seine kommende Herrschaft vorbereiten. Unterdessen lebte die hoch gebildete Königin Eliška verlassen in Prag. Ihr gehörte ein Stadtpalais, ein einzigartiges Beispiel gotischer Profanarchitektur des frühen 14. Jahrhunderts in der Altstadt, nämlich das neben der Teynkirche gelegene Haus zur Steinernen Glocke. Es

Äbtissin Kunhuta (Kunigunda) Přemyslovna. – Widmungsbild aus dem *Passionale abbatissis Cunigundae*, Prag, um 1315–1321. Nationalbibliothek Prag.

wurde Stadtpalästen in Westeuropa, etwa in Nordfrankreich und den südlichen Niederlanden, nachempfunden.

Ein Anzeichen für das gewachsene Selbstbewusstsein der Prager Bürger und ihr Bedürfnis, die Stadt gegen den ungehemmten Zuzug weiterer Handwerker zu schützen, war die Entstehung erster Zünfte ab dem Jahre 1319, die in Konflikt mit den Patriziern, den Angehörigen der städtischen Oberschicht, traten. Auswärtige Händler mussten, wenn sie länger als fünf Tage in Prag verweilen wollten, eine besondere Erlaubnis vorweisen. Die Handelsbeziehungen Prags reichten damals weit: So wurde aus dem Salzburger Land und von der Ostsee Salz importiert, aus Venedig Gewürze, aus Flandern und aus dem Mittelmeerraum kostbares Tuch, aus dem schlesischen Schweidnitz (Świdnica) Bier, das damals als besser galt als das in Prag selbst gebraute, und aus der Gegend von Leitmeritz (Litoměřice) Wein. Steine und Ziegel als Baumaterial konnten aus der näheren Umgebung gewonnen werden, während auf der Moldau das erforderliche Bauholz aus Südböhmen herbeigeflößt wurde. Seit dem Jahre 1328 waren die Straßen der Altstadt gepflastert, und eine 1331 erlassene Ordnung bestimmte, dass die Straßen von Schmutz und Unrat frei zu halten seien.

## Die Residenzstadt Karls IV. – des „Vaters des Vaterlandes“

Zur Weltstadt wurde Prag unter der Herrschaft Kaiser Karls IV., der bis heute in der tschechischen Gesellschaft als eine der positivsten Gestalten der böhmischen Geschichte wahrgenommen wird. Er trug maßgeblich zur Vergrößerung des Stadtgebiets bei und förderte gleichermaßen Handel, Handwerk, Kunst und Kultur. Bereits bei seinem ersten Prag-Aufenthalt im Jahre 1333 ordnete Karl IV. den Wiederaufbau der 1303 durch einen Brand zerstörten Burg an. Dort begann im Jahre 1344, nachdem Prag am 30. April in den Rang eines Erzbistums erhoben worden und damit die bisherige Bindung an Mainz aufgehoben worden war, unter der Leitung des französischen Baumeisters Matthias von Arras auch der Bau des Veitsdoms. Erster Prager Erzbischof wurde der begabte Kirchenorganisator und Mäzen Ernst von Pardubitz, ein enger Vertrauter Karls.

Langhaus des Veitsdoms mit dem Chor von Matthias von Arras und Peter Parler.

Die Bautätigkeit Karls beschränkte sich aber nicht nur auf das engere Herrschaftszentrum, sondern umfasste alle Bereiche des bisherigen Stadtgebiets und ging schließlich über dessen Grenzen hinaus. Im Jahre 1338 wurde unter Verwendung bestehender Bürgerhäuser mit der Anlage des Altstädter Rathauses (Staroměstská radnice) begonnen. Auf die Stiftung einer Karthause in Smíchov (1342) folgte das Emauskloster bzw. „Kloster zu den Slawen" (1347), in dem mit päpstlicher Approbation Benediktinermönche aus Kroatien die slawische Liturgie – in Altkirchenslawisch neben Latein – pflegten. Karl besann sich damit auf seine přemyslidischen Vorfahren. Im Klosterskriptorium entstanden daher neben lateinischen Handschriften auch glagolitische Codices, und die Klosterkirche war neben der Jungfrau Maria, dem Kirchenvater Hieronymus sowie den Landesheiligen Adalbert und Prokop auch den heiligen Kyrill und Method geweiht. Eine bautechnische Herausforderung bildete aufgrund ihrer Gewölbehöhe von 34 Metern das ebenfalls von Karl IV. errichtete Karmelitenkloster mit seiner Kirche St. Maria Schnee. Ähnlich wie der Veitsdom blieb sie unfertig, da eigentlich nur der Chor und das Presbyterium des ursprünglich auf etwa 100 Meter Länge geplanten Gotteshauses aufgerichtet wurden.

Mit der Gründung der ummauerten, mit 13 Stadttoren versehenen Neustadt (Civitas nova/Nové Město) vergrößerte Karl IV. schließlich am 26. März 1348 das Stadtgebiet um eine Fläche von etwa 360 Hektar und schuf neue Wohn- und Erwerbsmöglichkeiten für Handwerker und Kaufleute. Insbesondere die lärm- und abwasserintensiven Gewerke konnten aus der Altstadt in die Neustadt umziehen, während in der Altstadt in erster Linie Patrizier und Kaufleute zurückblieben. Fischer, Holzhändler, Flößer, Gerber, Färber sowie Ziegler und Kalkbrenner ließen sich in der Neustadt vor allem in der Nähe der Moldau nieder, während sich um Umfeld des Rossmarkts (heute: Wenzelsplatz) vor allem Schmiede, Wagner und Schreiner ansiedelten. Aus Sicherheitsgründen verfügte der Herrscher, dass die Häuser in der Neustadt ausschließlich aus Stein errichtet werden sollten.

Als 1348 auch mit dem erneuten Ausbau des Burgviertels am Vyšehrad begonnen wurde, hatte Karl den seither gepflegten

„Königsweg“ zwischen den beiden Prager Burgbergen – dem Hradschin und dem Vyšehrad – geschlossen. Hinzu kam als dritte feste Anlage auf einer Anhöhe über dem Nusle-Tal ab 1350 der Karlshof (Karlov) mit einem Augustinerchorherrenstift und der ab 1354 erbauten Kirche St. Mariä Himmelfahrt und Karl der Große, einem seltenen gotischen Zentralbau auf achteckigem Grundriss, der der Aachener Pfalzkapelle nachempfunden wurde. Hauptpfarrei der Neustadt wurde die Kirche St. Heinrich und Kunigunde, bei der sich auch eine renommierte Pfarrschule befand.

Drei große Platzanlagen, die durch breite Straßenfluchten miteinander verbunden waren, bildeten das Herz der neuen Stadtanlage. Sie waren radial auf die Altstadt bezogen: der Heumarkt, der bereits erwähnte Rossmarkt und der Viehmarkt (heute: Karlsplatz). Den administrativen Mittelpunkt der Neustadt bildete der für damalige Verhältnisse mit 80 500 m$^2$ riesige Viehmarkt, an dem ab 1367 das Neustädter Rathaus (Novoměstská radnice) mit einem 50 Meter hohen Turm und einer bis heute vorhandenen zweischiffigen Eingangshalle als Symbol der Königsstadt erbaut wurde. Ursprünglich stand inmitten dieses Platzes bis ins 18. Jahrhundert hinein die ebenfalls als Oktogon konzipierte Heilig-Blut-Kapelle, in der zu Karls Regierungszeit einmal im Jahr an dem von ihm erdachten und von Papst Innozenz VI. bestätigten Heiltumsfest (am Freitag nach Quasimodo) die Reichskleinodien zur Schau gestellt wurden. Für ihre dauerhafte Unterbringung baute Karl IV. ab 1348 vor den Toren Prags, etwa 30 Kilometer südwestlich der Stadt, die Burg Karlstein (Karlštejn). Die symbolisch aufeinander bezogenen Kirchen und Klöster der Neustadt sollten eine Art zweites Jerusalem schaffen und der Gesamtanlage eine sakrale Weihe verleihen.

Nach Paris, Gent und Brügge war zur Regierungszeit der Luxemburger Prag durch die Hinzufügung der Neustadt die in Bezug auf ihre Bevölkerung viertgrößte städtische Agglomeration in Europa nördlich der Alpen; alle Prager Städte zusammengerechnet zählten damals schätzungsweise über 40 000 Einwohner. Hinsichtlich ihrer Fläche waren damals in Europa lediglich Rom und Konstantinopel/Istanbul größer.

Dabei schien die Ausgangslage für einen so ausgeprägten Gründergeist zunächst alles andere als günstig zu sein: Der „Schwarze Tod", die seinerzeit in ganz Europa grassierende Pestepidemie, erfasste 1348 auch die Böhmischen Länder, wenngleich er sich dort weniger verheerend auswirkte als in anderen Teilen des Kontinents. Im gleichen Jahr stiftete Kaiser Karl IV. am 7. April, also nur wenige Tage nach der Gründung der Neustadt, die Alma mater Carolina, die älteste Universität Mitteleuropas vor Krakau (1364), Wien (1365) und Fünfkirchen/Pécs (1367). Sie entsprang seinem Wunsch, seine studierwilligen Untertanen in Böhmen, das er von allen Erblanden „vorzugsweise ins Herz geschlossen" hatte, sollten nicht länger gezwungen sein, „in der Fremde um Brocken zu betteln". Vielmehr sollten sie „andere aus der Fremde zum süßen Geruch und zur Teilnahme an solcher Köstlichkeit" nach Prag einladen, wie es in Karls Stiftungsurkunde heißt. Die Hochschule umfasste anfangs nach dem Vorbild der Pariser Universität, an der Karl selbst studiert hatte, vier Fakultäten: eine theologische, eine juristische, eine medizinische und eine philosophische (Artistenfakultät). Ihre Magister und Studentenschaft gliederten sich in vier Universitätsnationen (eine böhmische, eine polnische, eine bayerische und eine sächsische), denen sie nach ihren Herkunftsorten den Himmelsrichtungen entsprechend grob zugeordnet wurden. Das in der deutschsprachigen Literatur bis heute kolportierte Urteil, die Prager Universität sei die „älteste deutsche Universität" gewesen, ist historisch unrichtig.

Ebenfalls 1348 wurde in Prag als frühe Künstlerzunft eine Malerbruderschaft gegründet. Ihr gehörten etwa zwei der Hofmaler Karls IV., Magister Theodoricus und der aus dem Elsass zugezogene Nicolaus Wurmser, an. Der Prager kaiserliche Hof zog aber auch bedeutende Literaten an. Unter ihnen befand sich der Minnesänger Heinrich von Mügeln, einer der ersten Promovenden der Prager Universität, sowie die Chronisten Franz von Prag und Beneš Krabice z Veitmile. Letztere erhielten den Auftrag, die *Chronica Boemorum* des Cosmas von Prag fortzuschreiben. Im Jahre 1356 besuchte der italienische Dichter und

Gelehrte Francesco Petrarca in diplomatischer Mission im Auftrag der Mailänder Herrscherfamilie Visconti die böhmische Hauptstadt, nachdem er bereits in den Jahren zuvor mit Karl IV. in Briefverkehr getreten war. Er freundete sich mit zahlreichen Hofleuten an und äußerte gegenüber Erzbischof Ernst von Pardubitz, der selbst in Italien studiert hatte und sich gegenüber dem italienischen Gast für die „Barbarei" in Böhmen entschuldigt hatte, er habe keine barbarischen Zustände angetroffen, sondern ganz im Gegenteil den Eindruck gewonnen, als wären seine Gesprächspartner „im alten Athen geboren worden". Dieses positive Urteil des italienischen Humanisten, der in anderen Fällen mit seiner Kritik nicht hinterm Berg hielt, belegt das bildungsfreundliche Klima Prags in der zweiten Hälfte des 14. Jahrhunderts. Die bleibendsten Denkmäler schuf sich Karl IV. aber zweifelsohne durch seine reiche Bautätigkeit.

## Eine Universität mit Ausstrahlung

Der Chronist Beneš Krabice z Veitmile berichtet über die Anziehungskraft der Prager Universität:
*Im selben Jahr erlangte Karl* [...] *vom Apostolischen Stuhl die Zusage, Generalstudien in der Stadt Prag zu errichten, und derselbe Herr gewährte kraft seiner Autorität als böhmischer König den Studierenden noch weiter gehende Privilegien. Er warb nämlich von auswärts viele Magister der heiligen Theologie, Doktoren des kanonischen Rechts, und in einzelnen Künsten Fachleute und Gelehrte an, die an der Kirche Gottes und an verwandten Dingen in Wissenschaften und Sitten mitwirken sollten.* [...] *Und damit es so für alle Zeiten unverrückbar bleibe, bestätigte Karl, der römische König und König von Böhmen sowie Förderer und Begründer dieser Studien, alle den Studierenden zugestandenen Privilegien und Freiheiten mit einer Goldenen Bulle. Das Studium in der Stadt Prag ist dergestalt, dass es nunmehr in allen Teilen Deutschlands ähnlich organisiert ist, und es kommen hierher aus fremden Gegenden, vor allem aus England, Frankreich, der Lombardei, Ungarn, Polen und einzelnen umliegenden Ländern, Studenten, Söhne von Noblen und kirchliche Würdenträger aus unterschiedlichen Teilen der Erde. Und auf diese Weise wurde die Stadt Prag wegen dieses Studiums sehr bekannt und berühmt in fremden Ländern.*

Anstelle des 1352 verstorbenen Matthias von Arras übernahm im Jahre 1356 der schwäbische Baumeister Peter Parler die Leitung der Prager Dombauhütte. Neben der Fertigstellung des Domchors gehört zu seinen Meisterleistungen die Errichtung der später so genannten Karlsbrücke (Karlův most) ab 1357, welche die 1342 durch ein Hochwasser zerstörte Judithbrücke ersetzte. Parler konzipierte sie als steinerne Bogenbrücke mit 16 Segmenten von 25 m Spannweite und dem Altstädter Brückenturm. Dessen feingliedrige, der Altstadt zugewandte Fassade zieren die Wappen der den Luxemburgern unterstellten Territorien – der schlesischen Herzogtümer Neisse (Nysa), Breslau (Wrocław) und Schweidnitz (Śvidnica), der Markgrafschaft Mähren (Morava), des Großherzogtums Luxemburg, des Herzogtums Görlitz und der Markgrafschaften Ober- und Niederlausitz – und veranschaulicht somit eindrucksvoll deren Hausmacht. Oberhalb dieses Frieses befinden sich überlebensgroße Statuen Karls IV., seines Sohnes Wenzel IV. und der Heiligen Veit, Adalbert und Sigismund. Bis zum Jahre 1841 blieb die Karlsbrücke die einzige Brücke über die Moldau innerhalb der Prager Stadtgrenzen; ihren heutigen Namen erhielt sie erst 1870, während sie bis dahin schlicht als Prager Brücke oder Steinbrücke bezeichnet worden war.

Beim Veitsdom wich Peter Parler in einigen Punkten von den Planungen seines Vorgängers ab, von dem er den begonnenen Kapellenkranz im Chorumgang übernahm. Zu Parlers Neuerungen zählte etwa das hier erstmals in Mitteleuropa angewandte Netzgewölbe, das er anstelle des ursprünglich geplanten Kreuzgratgewölbes einbaute. Am Triforium, dem inneren Umgang oberhalb des Kapellenkranzes, brachte er insgesamt 21 Porträtbüsten Karls IV., seiner Gemahlinnen und weiterer Zeitgenossen an, die zu den herausragenden Bildhauerleistungen des 14. Jahrhunderts zählen. Darunter befindet sich auch das Selbstporträt des Dombaumeisters, ein Anzeichen für dessen Selbstwertgefühl und für die Anerkennung durch den Kaiser. Künstlerisch herausragend sind auch die Königsgräber, die mit Edelsteinen reich ausgestattete

Die Prager Brücke, heute: Karlsbrücke. Links der Altstädter Brückenturm und der Altstädter Wasserturm, rechts die den Petřín hinaufführende „Hungermauer". – Grafik von Václav Hollar. Herzog Anton Ulrich-Museum, Braunschweig.

Wenzelskapelle und die angrenzende Schatzkammer, in der die Kronjuwelen des Königreichs Böhmen aufbewahrt wurden und werden, sowie das großformatige Mosaik des Jüngsten Gerichts an der der Stadt zugewandten Außenwand der Dreifaltigkeitskapelle, dem Goldenen Tor. In diese große Fläche ließ Karl IV. sich und seine Gemahlin Elisabeth von Pommern sowie die böhmischen Landespatrone Prokop, Sigismund, Veit, Wenzel, Ludmilla und Adalbert mit einbeziehen. Die Domkirche blieb bis ins 19. Jahrhundert unvollendet, als – ähnlich wie etwa beim Kölner Dom – mit dem Weiterbau des über den Vierungsbereich hinaus vorgesehenen Langhauses begonnen wurde.

Ein weiteres künstlerisches Meisterwerk schufen im Jahre 1373 die Brüder Martin und Georg von Klausenburg für die Prager Burg: eine in Bronze gegossene Figur des heiligen Georgs als Drachentöter. Von diesem „Georg von Prag" steht heute eine Kopie als Brunnenfigur im dritten Burghof.

Ab 1360 ließ Karl IV. am Petřín eine neue Stadtmauer mit zahlreichen Türmen zum Schutz der Kleinseite errichten, bei deren Bau angeblich vor allem während einer Hungersnot verarmte Stadtbewohner eingesetzt wurden. Noch heute wird sie daher Hungermauer (Hladová zeď) genannt, und Karl IV.

Kaiser Karl IV. am Triforium des Veitsdoms. – Porträtbüste von Peter Parler, um 1380.

steht nach wie vor im Ruf eines sozial verantwortungsvollen Herrschers.

In den 1360er-Jahren waren nach vorsichtigen Schätzungen etwa zwei Drittel der Prager Bevölkerung tschechischsprachig. Karl IV. bemühte sich um eine Vereinheitlichung der Amtssprache, so dass ab jener Zeit die meisten städtischen Bücher und Urkunden in Tschechisch abgefasst wurden. Hingegen misslang dem König die bereits von seinem Vater Johann versuchte Vereinheitlichung der unterschiedlichen Stadtrechte.

## Prag unter Wenzel IV.

Karls Sohn, der als König von Böhmen als Wenzel IV. regierte, war bereits im Kindesalter mit seinen Herrscheraufgaben vertraut gemacht worden. Er führte zunächst zahlreiche von seinem Vater begonnene Bauprojekte erfolgreich zu Ende. Außerdem schuf er 1383 mit dem Carolinum in der Altstadt einen festen Sitz für die von Karl IV. gestiftete Universität. Das Gebäude, von außen mit einem kunstvollen gotischen Erker aus der Parlerschule versehen, enthielt eine große Aula, Hörsäle und Magisterwohnungen. Die von Wenzel IV. in Auftrag gegebene *Wenzelsbibel*, heute in der Österreichischen Nationalbibliothek in Wien aufbewahrt, ist ein Zeugnis seiner feinen kulturellen Erziehung und Bildung, die von seinem Vater geprägt worden war. Doch manifestierten sich bei dem Herrscher bald auch schwierige Charakterzüge und vor allem eine Alkoholsucht, die ihn vereinsamen ließ und von seinen Untertanen entfremdete. Ab 1383 verließ Wenzel die Prager Burg und zog an den Rand der Altstadt in den so genannten Königshof (Královský dvůr), der sich auf dem Gelände des heutigen Gemeindehauses (Obecní dům) befand. Die Burg verfiel damit ein weiteres Mal, da sie für die kommenden 100 Jahre kaum als Herrschersitz in Benutzung war. Wenzel IV. wurde allerdings 1384 von Teilen des böhmischen Adels festgesetzt und erst nach diplomatischen Bemühungen wieder freigelassen.

### *Vertreibung der Juden 1389*

Die zunehmenden sozialen Spannungen zwischen den Patriziern, den Handwerkern und den armen Unterschichten im Prag des späten 14. Jahrhunderts entluden sich an manchen Unschuldigen. Unter dem Vorwand der Brunnenvergiftung und Hostienschändung entwickelte sich zu Ostern 1389 eine pogromartige Stimmung gegen die Prager Judengemeinde, von deren etwa 4000 Angehörigen wohl über 3000 ermordet, die übrigen aber aus der Stadt vertrieben wurden.

## Jüdisches Gedenken

Alljährlich wird noch heute zum Jom-Kippur-Tag in der Altneusynagoge die *Selichah* [Elegie] des Prager Rabbiners und Kabbalisten Avigdor Kara verlesen, dessen Grab sich auf dem Alten Jüdischen Friedhof befindet. Der Text erinnert an die judenfeindlichen Exzesse von 1389:

*Viele wurden erschlagen, wer kennt Ihre Zahl,*
*Jünglinge und Mädchen, Alte und Säuglinge.*
*Dir, Herr aller Seelen, muss ich sie nicht ins Gedächtnis rufen,*
*Du wirst alle richten, alle wirst Du durchleuchten.*

*Sie zerstörten auch den Friedhof, den Ort der ewigen Freiheit,*
*wo die Gebeine meiner großen Vorfahren ruhen.*
*Sie gruben diese meine Schätze aus, sie zertrümmerten voll*
*Wut die Grabmäler, um meinen Stolz zu demütigen.*
*Wie lange noch, o Herr; ist es denn noch nicht genug?*

### *Johannes von Nepomuk*

Ein Konflikt um kirchenrechtliche Fragen, genauer gesagt, um die Ausübung der kirchlichen Gerichtsbarkeit, entspannte sich hingegen mit dem Kleriker Johannes von Nepomuk, der seit 1389 als Generalvikar des Erzbistums Prag wirkte. Wenzel IV. ließ ihn wegen dieser Differenzen festnehmen, foltern und schließlich am 20. März 1393 von der Karlsbrücke in die Moldau stürzen, wo er den Tod fand. Laut der Legende um den im 18. Jahrhundert heiliggesprochenen Priester soll der Auslöser des Mordes gewesen sein, dass Johannes von Nepomuk das Beichtgeheimnis der Königin Sophie, die Wenzel der Untreue verdächtigte, nicht preisgegeben habe. Als der leblose Körper des Getöteten ans Ufer getrieben sei, hätten fünf Flammen sein Haupt umgeben, weshalb die barocke Ikonografie ihn später mit einem Kranz von fünf Sternen abbildete. Bestattet ist Johannes von Nepomuk im Veitsdom. 1729 wurde er von Papst Benedikt XIII. heiliggesprochen.

Andere Theologen wie Jan Milíč z Kroměříže und Matěj z Janova griffen die kritische Stimmung innerhalb der Kirche auf. Sie beriefen sich unter anderem auf die Lehren des englischen Frühreformators John Wycliff, der sich gegen die Heiligen- und Reliquienverehrung, gegen die Praxis der Ohrenbeichte und die Lehre von der Wandlung von Wein und Brot in Blut und Fleisch Christi während der Eucharistiefeier gewandt hatte.

Auf dem Alten Jüdischen Friedhof wurden in mehreren Schichten vom Mittelalter bis ins 18. Jahrhundert etwa 10 000 Angehörige der jüdischen Gemeinde Prag beigesetzt. – Grafik von Hugo de Charlemont, 1894.

## *Das Kuttenberger Dekret*

Im Jahre 1394 erhob sich erneut eine Adelskoalition gegen den König, die ihm die Überschreitung seiner landesherrlichen Kompetenzen vorwarf. Er verlor 1400 seinen Titel als römisch-deutscher König und wurde schließlich 1402 von seinem eigenen Bruder Sigismund in Prag festgesetzt. In der letzten Regierungsphase Wenzels erfolgte eine maßgebliche Veränderung im Statut der Prager Universität. Im *Kuttenberger Dekret/Dekret kutnohorský* vom 18. Januar 1409 sicherte der Monarch der böhmischen Universitätsnation, die bisher gegenüber den drei auswärtigen nur eine einzige Stimme gehabt hatte und daher häufig überstimmt worden war, eine Drei-Stimmen-Mehrheit zu. Dabei ging es nicht, wie später häufig behauptet wurde, um eine deutsch-tschechische nationale Auseinandersetzung. Hinter der Affäre stand das kirchliche Schisma des Jahres 1409 mit gleich drei Päpsten in Rom und Avignon: König Wenzel und mit ihm die böhmische Universitätsnation hatten sich mit Papst Alexander V. solidarisiert, während die polnische, die bayerische und die sächsische Universitätsnation für Gregor XII. Partei ergriffen hatten. Aufgrund der Entscheidung des Königs verließen zahlreiche Studierende und Lehrende die Prager Hochschule und gingen nach Wien, Krakau, Heidelberg, Köln oder Erfurt. Ein Teil der aus Prag abgezogenen Professoren bildete im Herbst 1409 bei der Gründung der Universität Leipzig den Grundstock des dortigen Lehrkörpers. Diese Episode der Prager Universitätsgeschichte reflektierte einen tiefsitzenden religiösen und sozialen Konflikt, bei dem die beiden Prager Theologen Hieronymus von Prag und Johann von Gaßnitz eine maßgebliche Rolle spielten, vor allem aber Magister Jan Hus, der der nachfolgenden Epoche ihren Namen gab. Auch er war mit den Schriften von John Wycliff in Kontakt gekommen, die er in Prag gegen Anfechtungen von Seiten der Amtskirche in Schutz nahm.

# Vom hussitischen zum aufständischen Prag

## Das Zentrum der hussitischen Revolution

Um die Wende vom 14. zum 15. Jahrhundert ließen sich in Prag, wie bereits angeklungen ist, starke gesellschaftliche und religiöse Spannungen verzeichnen. Viele Laien waren mit den Praktiken der römisch-katholischen Kirche nicht mehr einverstanden, die in eklatantem Widerspruch zu den christlichen Geboten standen. Ihr Ziel war, ähnlich wie einhundert Jahre später bei Martin Luther in Deutschland, zunächst nicht die Bekämpfung, sondern eine innere Reform der römischen Kirche, um sie wieder stärker an den Bedürfnissen der Gläubigen auszurichten. Diese Absicht leitete unter anderem auch den Theologen und Prager Universitätsrektor Magister Jan Hus, der zwischen 1402 und 1413 in der Bethlehemkapelle in der Altstadt predigte. Diese zweischiffige gotische Kapelle war in den Jahren 1391–1394 ausdrücklich für die Abhaltung tschechischsprachiger Gottesdienste in der Altstadt gestiftet worden. Die Inhalte der Predigten sollten in der Volkssprache den Gläubigen verständlich gemacht werden und das Lateinische ablösen. Des Weiteren verfasste Jan Hus theologische Schriften, in denen er seine Haltung gegenüber manchen Missständen in der Kirche zu Papier brachte. Wegen seiner kritischen Haltung geriet er in Gegensatz zu Papst und König. Auf dem Konzil von Konstanz sollte ihm eine Gelegenheit eingeräumt werden, den damals Mächtigen seine Auffassungen darzulegen; Sigismund von Luxemburg, der seit 1411 als römisch-deutscher König herrschende Bruder Wenzels IV., sicherte ihm ausdrücklich freies Geleit und Unversehrtheit zu. Tatsächlich jedoch wurde Hus in Konstanz verhaftet, abgeurteilt und am 6. Juli 1415 auf dem Scheiterhaufen verbrannt.

## *„Erster Prager Fenstersturz“ (1419)*

Die Nachricht vom Feuertod des Jan Hus in Konstanz löste in den Böhmischen Ländern Unmut und heftige Unruhen aus. Die Hinrichtung vertiefte noch zusätzlich den Graben zwischen weiten Kreisen der böhmischen Bevölkerung und der römischen Kirche. Das Gefühl des Unrechts verband sich mit damals akuten sozialen Forderungen zu einer auch für die weltliche Macht gefährlichen Gemengelage, die sich schließlich in einer offenen Rebellion gegen König Wenzel IV. Luft verschaffte, nachdem dieser die Kelchkommunion – die Darreichung des geweihten Weins während der kirchlichen Eucharistiefeier – verboten hatte.

Am 30. Juli 1419 zogen nach einer Predigt des hussitischen Geistlichen und vormaligen Prämonstratensermönchs Jan Želivský zahlreiche Prager Hus-Anhänger zum Neustädter Rathaus am Karlsplatz, in dessen Kerkern einige ihrer Glaubensgenossen in Haft saßen. Die Menschenmenge erstürmte, möglicherweise durch einen Steinwurf provoziert, das Rathaus, befreite die Gefangenen und warf anschließend sieben katholische Ratsherren und Schöffen der Neustadt aus dem Fenster. Sie wurden unten vor dem Rathaus von erzürnten Demonstranten mit ihren hochgestellten Piken aufgespießt. Dieses Ereignis bezeichnete man später als den „ersten Prager Fenstersturz“. Wenzel IV. erlitt, als ihm die Nachricht davon überbracht wurde, einen Schlaganfall, an dessen Folgen er am 16. August 1419 im Königshof starb. Die folgende allgemeine Auflehnung gegen die Thronansprüche von Wenzels Bruder Sigismund begleitete das Jan Želivský zugeschriebene Lied *Povstaň, povstaň, veliké město pražské!* [Stehe auf, stehe auf, große Prager Stadt!].

## *Utraquisten und Taboristen*

Eine Reaktion des neuen Thronanwärters, Sigismunds von Luxemburg, ließ nicht lange auf sich warten: Am 17. März 1420 rief er auf einem Reichstag in Breslau (Wrocław) zum Kreuzzug gegen die Hussiten auf, nachdem zuvor Papst Martin V. eine entsprechende Bulle ausgestellt hatte. Prag bereitete sich auf

„Erster Prager Fenstersturz“ der neustädtischen Schöffen am 30. Juni 1419. – Sammelbild nach einem Historiengemälde von Adolf Liebscher, um 1900.

eine Belagerung durch das Reichsheer vor. Eine moralische Aufmunterung und Selbstvergewisserung vermittelten den Anhängern der neuen Lehre die so genannten *Vier Prager Artikel* (*Čtyři artikuly pražské*), in denen für die Laien das Abendmahl in beiderlei Gestalt, die Bestrafung von Todsünden, die freie Predigt und das Verbot weltlicher Herrschaft für Geistliche eingefordert wurde. Sigismunds Heer erlitt in den Schlachten auf dem Vítkov-Hügel am 14. Juli und am Vyšehrad am 1. November 1420 verheerende Niederlagen. Auf dem Vítkov wandte Jan Žižka, der zehn Jahre zuvor in der Schlacht bei Tannenberg/Grunwald gegen den Deutschen Orden ein böhmisch-mährisches Kontingent in den Diensten des polnischen Königs befehligt hatte, erfolgreich die Taktik der Wagenburg an: Mit Hilfe umgelegter Wagen, hinter denen sich seine Gefolgsleute verschanzten, konnte er sich gegenüber dem zahlenmäßig weit überlegenen kaiserlichen Heer behaupten.

Von Prag aus verbreiteten sich die zu einem theologischen und gesellschaftlichen Ideengerüst verdichteten Theorien des Hussitismus in ganz Böhmen und weit darüber hinaus, bis nach Ungarn, Polen, ins damalige Heilige Römische Reich und in andere Länder hinein. Die Situation der folgenden Jahre in Böhmen lässt sich als Bürgerkrieg beschreiben. Jan Želivský, der Anführer der Prager Hussiten, geriet in die Gefangenschaft seiner Gegner und wurde im Jahre 1422 auf dem Altstädter Ring hingerichtet. Unterdessen scheiterten militärisch drei weitere kaiserliche Kreuzzüge gegen die Hussiten (1421, 1422 und 1427).

Entscheidend für das Ende der Hussitenkriege wurden aber schließlich innere Differenzen zwischen der radikalen und der moderaten Partei der Hussiten. Die Prager Städte wurden insgesamt zum Zentrum einer gemäßigt hussitischen Richtung, des so genannten Utraquismus, der das tschechische Denken maßgeblich prägen sollte. Der Ausdruck leitet sich von der lateinischen Wendung „sub utraque specie“ ab, also von der liturgischen Forderung, den Gläubigen das Abendmahl in beiderlei Gestalt (Hostie und Wein als Leib und Blut Christi) zu verabreichen. Daher wurde auch der Kelch zum Erkennungszeichen der Utraquisten und aller später von ihnen abgeleiteten reli-

Absender:

Name, Vorname

Straße

PLZ, Ort

E-Mail:

Alter:

Beruf:

Selbstverständlich behandeln wir Ihre Angaben vertraulich und nutzen sie ausschließlich für unsere interne Statistik.

Bitte freimachen.

Verlag
Friedrich Pustet
93008 Regensburg

Liebe Leserin, lieber Leser,

wir danken Ihnen für Ihr Interesse an unseren Büchern! Gern informieren wir Sie regelmäßig über unser Verlagsprogramm.

Theologie – Ich interessiere mich für:

- ☐ Liturgie/Verkündigung/Spiritualität
- ☐ Pastoral/Katechese
- ☐ Handbücher/Theologisches Sachbuch
- ☐ Wissenschaft
- ☐ Liturgie konkret (kostenloses Probeheft)

Geschichte – Ich interessiere mich für:

- ☐ Biografien
- ☐ Ländergeschichte
- ☐ Bayerische Geschichte/Regionalia

Bitte informieren Sie mich regelmäßig per E-Mail über Neuerscheinungen in den Bereichen:

☐ Theologie ☐ Geschichte

Wenn Sie Zeit und Lust haben, beantworten Sie uns doch folgende Fragen – Sie helfen uns damit, unsere Arbeit noch besser auf Ihre Bedürfnisse abzustimmen:

Wie sind Sie auf dieses Buch aufmerksam geworden?

- ☐ durch einen Prospekt oder eine Anzeige
- ☐ durch eine Buchbesprechung in:

______________________________

- ☐ in der Buchhandlung
- ☐ durch eine persönliche Empfehlung
- ☐ durch die Verlagshomepage
- ☐ durch das Internet allgemein

Welchem Buch haben Sie diese Karte entnommen?

______________________________

Kommentare, Hinweise, Kritik:

______________________________

giösen Bewegungen. Einer ihrer führenden Theologen war der Universitätsrektor Jan z Rokycana, der von den utraquistischen Gremien in hohe Kirchenämter berufen wurde, ohne jedoch von der katholischen Kirche in diesen Funktionen anerkannt worden zu sein.

Auf den Postulaten der *Vier Prager Artikel*, für deren Inhalte die Utraquisten standen, bauten auch die *Prager Kompaktaten* vom 30. November 1433 auf, eine rechtliche Übereinkunft zwischen den böhmischen Ständen und dem Konzil von Basel. Mit den *Kompaktaten* sollte der Friede im Lande wiederhergestellt und die Wiedereingliederung der Utraquisten in die Kirche angestrebt werden. Sie wurden 1436 in Iglau (Jihlava) bestätigt und brachten für Sigismund die lange erstrebte Anerkennung als König von Böhmen. Die radikal-hussitische Fraktion der nach der südböhmischen Stadt Tábor (und ihrem biblischen Vorbild) so genannten Taboriten, die sich als „Gotteskrieger" fühlten, aber seit dem Tod Jan Žižkas geschwächt waren, lehnte diesen Kompromiss ab. Die Taboriten erlitten gegenüber den Utraquisten und Katholiken in der Schlacht bei dem mittelböhmischen Dorf Lipany am 30. Mai 1433 eine vernichtende Niederlage, auch ihr neuer Anführer, der aus einer Prager Patrizierfamilie stammende Geistliche Prokop Veliký kam dabei ums Leben. Der Kompromiss zwischen der katholischen Kirche und den gemäßigten Hussiten, so fragil er auch zu manchen Zeiten gewesen sein mag, schuf ein für das Spätmittelalter einzigartiges Klima, das sich als geistig anregend erwies. Seine Grundlage bildete eine religiöse und kulturelle Toleranz, die aus pragmatischem Denken erwachsen war.

Am 9. Dezember 1437 verschied Sigismund von Luxemburg, und als neuer König von Böhmen wurde im Juni 1438 sein Schwiegersohn Albrecht von Habsburg im Veitsdom gekrönt, dem freilich auch nur noch ein weiteres Lebensjahr beschieden war. Damit entstand für das folgende Jahrzehnt in Prag eine unsichere und unklare Lage, auch wenn zwischen 1453 und 1458 Albrechts Sohn Ladislaus Postumus nominell die Königswürde ausübte. Prag erholte sich von den vorausgegangenen kriegerischen Zeiten, und als der italienische Humanist Enea Silvio Piccolomini, der nachmalige Papst Pius II., im

Jahre 1458 seine *Historia Bohemica* [Böhmische Geschichte] niederschrieb, die auf sieben Jahre zuvor gewonnenen Eindrücken beruhte, musste er feststellen, Prag sei „weder geringer noch unbedeutender als das etrurische Florenz".

### Überflutung

Ein Problem Prags waren seit jeher die gefährlichen Moldau-Hochwasser; eine Chronik beschreibt die bedrohliche Situation im Sommer 1432:

*In jenem Sommer, am Sonntag nach Maria Magdalena* [22. Juli], *kam nach heftigen Regenfällen ein Hochwasser nach Prag. In Vyšehrad und Podskalí riss es viele überflutete Bäume mit sich. Damit und mit Heu verstopfte es die Bögen der Prager Brücke. Das Wasser stieg so stark an, dass es den Obstmarkt überschwemmte; es floss durch die Gasse bei der St.-Linharts-Kapelle bis zur St.-Nikolauskirche. An zwei Stellen brach jene Steinbrücke. Das Wasser sank sogleich, riss aber durch seine Heftigkeit unterhalb Prags viele Mühlen mit sich fort. Zahlreiche Menschen ertranken dabei.*

## Georg von Podiebrad und die Herrschaft der Jagiellonen

Von den utraquistischen Ständen, der Vertretung der durch Geburt oder Amt privilegierten Teile der spätmittelalterlichen Gesellschaft, wurde 1458 der böhmische Adelige Georg von Podiebrad zum böhmischen König gewählt. Er ließ 1462 an der Fassade der Prager Teynkirche seine Statue anbringen, darüber einen Kelch mit dem hussitischen Wahlspruch „Veritas vincit" [Die Wahrheit siegt]. Dafür wurde der König 1464 vom Papst zum Ketzer erklärt; jener erblickte in diesem symbolischen Akt eine Verletzung der *Kompaktaten* und exkommunizierte ihn 1466. Der sich gegen ihn formierenden katholischen Adelspartei schloss sich auch der vor allem in Mähren vom dortigen katholischen Adel unterstützte ungarische König Matthias Corvinus an. Nach Georgs Tod sollte sich Matthias Corvinus ebenso wie der polnische Königssohn Vladislav II. aus der Jagiellonen-Dynastie um den böhmischen Thron bewerben.

Der Altstädter Ring mit der Teynkirche, links die barockisierte Fassade des gotischen Hauses zur Steinernen Glocke, davor die barocke Mariensäule von 1650. – Stahlstich nach Ludwig Richter, 1841.

### *Die Astronomische Uhr (Orloj)*

Als Zeichen städtischen Selbstbewusstseins erfuhr das Altstädtische Rathaus in den 1470er-Jahren manche Umbauten. Der Ratssaal wurde beispielsweise mit einer kostbaren Kassettendecke ausgestattet, um ihn repräsentativer wirken zu lassen. Im Jahre 1475 wurde der 70 Meter hohe Rathausturm aufgerichtet. An seinem Sockel befindet sich die berühmte Astronomische Uhr (Orloj), deren kompliziertes Uhrwerk allerdings bereits sechzig Jahre zuvor der Uhrmachermeister Nikolaus von Kaaden nach Berechnungen des Mathematikers Johannes Andreae, genannt Šindel, hergestellt hatte. Um 1490 wurde dieses technische Meisterwerk von Magister Hanuš erweitert und gibt seither dem Betrachter die Stunden – nach mittelalterlicher Gewohnheit von 1 bis 24 –, den Stand des Mondes und der Sonne sowie das gerade aktuelle Tierkreiszeichen an. Neben ihrer Funktion als Zeitmesser diente die Uhr auch als ein spätmittelalterliches Memento Mori: Die beweglichen Figuren stellen die Zwölf Apostel dar, und der an einen Totentanz erinnernde „Knochenmann" gemahnt einen Wollüstigen, einen Geizhals und einen Eitlen an ihre Sterblichkeit. Außerdem zieren die Uhr Statuen eines Philosophen, des Erzengels Michael, eines Astronomen und eines Chronisten.

### *Ausbau des Hradschin*

Im gleichen Jahr 1475 begann man nach dem Vorbild des Altstädter Brückenturms am Rande der Altstadt auch mit dem Bau des spätgotisch verzierten Neuen Turms, des späteren Pulverturms, am Eingang von der Neustadt zur Zeltnergasse. Der Bau blieb bis ins 19. Jahrhundert unvollendet, da sich Vladislav II. dazu entschloss, endgültig vom benachbarten Königshof wieder auf die Burg umzuziehen. Dies war unter anderem die Konsequenz aus einem utraquistischen Aufstand in der Altstadt im Herbst 1483, der zur Vertreibung zahlreicher katholischer Geistlicher, Mönche und Laien geführt hatte. Der König, der einen neuen Religionskrieg fürchtete, gab klein bei und garantierte 1485 im Religionsfrieden von Kuttenberg (Kutná Hora) die Gleichberechtigung von Utraquisten und Katholiken. Die Übereinkunft galt indes nicht für die damals noch kleine, aber später sehr bedeutend werdende Gruppe der Böhmisch-mährischen Brüderunität, deren Mitglieder ein konsequent pazifistisches, einzig auf den Leitsätzen der Bergpredigt und den Maximen des frühen Christentums beruhendes Leben führten.

König Vladislav II. Jagiello beauftragte im Jahre 1484 den vermutlich aus Bayern gebürtigen Baumeister Benedikt Ried oder Rejt mit dem Ausbau des Hradschin. Zunächst war er dort für die Errichtung von Befestigungsanlagen zuständig. Unter seiner Regie wurde 1486–1502 der Vladislavsaal, auch Huldigungssaal genannt, geschaffen. Ihn überspannt ein verspieltes Netzgewölbe, bei dem noch die Formensprache der Gotik nachklingt, während die Wandgliederung bereits der Renaissance verpflichtet ist. Zugänglich ist der 62 m lange, 16 m breite und 13 m hohe Saal über die so genannte Reitertreppe, über die der Raum früher auch mit Pferden erreicht werden konnte. Neben Krönungszeremoniellen diente der Vladislavsaal für allerhand noble Vergnügungen wie Turniere und Komödienaufführungen. Benedikt Ried führte in den Jahren 1503–1510 außerdem den Ludwigsflügel der Burg aus. In ihm schuf er unter anderem die Landtagsstube und andere Kanzleiräume der Burg- und Landesverwaltung sowie der Stände. Rieds Umfeld wird auch ein Renaissancefenster im linken Bauabschnitt des Altstädter Rathauses zugeschrieben, dessen Mittelbalken das viel zitierte Motto „Praga caput regni“ [Prag, die Hauptstadt des Königreichs – nach damaligem Wortsinn „Haupt des Landes“] trägt.

Aus jagiellonischer Zeit stammt die früheste erhaltene Vedute Prags von 1493 in der *Weltchronik* des Nürnbergers Hartmann Schedel. Sie entstand in der Holzschnitt-Werkstatt von Michael Wohlgemut und zeigt den Hradschin und die Stadtteile zu beiden Seiten der Moldau in einer Perspektive vom Vyšehrad. Trotz einiger Ungenauigkeiten und Vereinfachungen enthält sie bereits die wichtigsten städtebaulichen Elemente. Mit Nürnberg pflegte Prag im ausgehenden 15. Jahrhundert privilegierte Handesbeziehungen, die auch in einen regen kulturellen Austausch mündeten.

Die Frührenaissancekultur, die mit den Jagiellonen in Prag Einzug hielt, konnte die Tatsache nicht verdecken, dass die Prager Städte unter den vorausgegangenen Hussitenkämpfen, aber ebenso durch zahlreiche Epidemien stark dezimiert worden waren. Ihre Gesamtbevölkerungszahl war innerhalb weniger Jahrzehnte um etwa ein Drittel gesunken. Die Kleinseite, deren

Der Vladislavsaal im jagiellonischen Flügel des Hradschin, mit Verkaufsbuden und Gesandten. – Kupferstich von Aegidius Sadeler, 1607. Herzog August Bibliothek, Wolfenbüttel.

Bauten unter den kriegerischen Aktivitäten gelitten hatten, wurde unter der Regierung Vladislavs II. beinahe von Grund auf neu erbaut. Dort und um den Hradschin schlugen zahlreiche böhmische Adelsfamilien ihre Stadtresidenzen auf, die ihnen in der Nähe der Königsmacht einen direkten Zugang zur Herrschaft und eine repräsentative Vertretung in der Hauptstadt ermöglichten. Diese herrschaftlichen Häuser waren ein Ausdruck der in den Hussitenkriegen und der Zeit danach mächtig gewordenen Stände.

### Der Altstädter Ring als Turnierplatz

Ritterliche Vergnügungen waren eine beliebte gesellschaftliche Beschäftigung der böhmischen Aristokratie der Jagiellonenzeit. Von einem Turnier auf dem Altstädter Ring berichtet die *Rosenberg'sche Chronik*, in der die Leistung des böhmischen Landeshauptmanns Wok II. von Rosenberg besonders herausgestrichen wird:

*Anno domini 1482, den Ertag St. Hippoliti, hielte der König Wladislauß ain stattliches Turnieren auf der Altenstat Placz, vndt Herr Wok alß in Ritterspillen erfahrner Herr auf deß Konigs Seiten geturnieret, vnndt statlich sich gehalten, dan er in seiner Jugendt manichen Scharmiczel außgestanden.*

Der Einfluss der Stände intensivierte sich noch unter König Ludwig II. (1516–1526), der sich vor allem an seinem ungarischen Hof in Buda (Ofen) aufhielt. Während seiner Abwesenheit führten der Burggraf Zdeněk Lev von Rosenthal und Oberhofmeister Wilhelm von Pernstein die Amtsgeschäfte. Sie waren herausragende Repräsentanten einer bereits von italienischen Einflüssen geprägten ständischen Renaissancekultur in den Böhmischen Ländern, die sich in einer Vorliebe für Repräsentation und Festlichkeiten artikulierte.

## Prag unter den Habsburgern Ferdinand I. und Maximilian II.

Der Tod des böhmischen und ungarischen Königs Ludwig II. in der Schlacht bei Mohács gegen ein türkisches Heer unter der Leitung des Sultans Süleyman I. hatte für Mitteleuropa weit reichende Folgen. Aufgrund seiner Ehe mit Ludwigs Schwester Anna erhob der Habsburger Ferdinand I. Ansprüche auf die böhmische Krone, die ihm die Stände bestätigten. Damit begann die bis 1918 währende Zugehörigkeit Böhmens und Prags zum Herrschaftsbereich der Habsburger.

Ferdinand I., der seine gebildete Frau aufrichtig liebte, machte ihr eines der bemerkenswertesten Prager Gebäude zum

Geschenk, das Königliche Lustschloss (Královský letohrádek) oder Belvedere. Es wurde ab 1538 unter der Leitung des Genueser Architekten Paolo della Stella erbaut, der in Begleitung von 13 Steinmetzen nach Prag gekommen war. Es wird von Kunsthistorikern zu den Schlüsselwerken der Renaissancebaukunst nördlich der Alpen gezählt. Allerdings weilte Königin Anna vor allem in Wien, wo sie 1547 auch verstarb. Das Lustschloss erlebte seine Vollendung hingegen erst im Jahre 1568. Es bildete mit einer Anpflanzung seltener Bäume und Sträucher sowie mit technisch aufwändigen Wasserspielen ein raffiniertes, viel bestauntes Ensemble höfischer Kultur.

Im Jahre 1541 vernichtete ein großer Brand die Gebäude auf dem Hradschin und der Kleinseite fast vollständig. Neben vielen anderen unwiederbringlichen Verlusten war die komplette Zerstörung einer der bedeutendsten böhmischen Büchersammlungen mit etwa 1000 Handschriften und 50 000 Drucken, der Bibliothek des adeligen Dichters und Humanisten Jan Hodějovský z Hodějovas zu beklagen.

Das Königliche Lustschloss der Königin Anna. – Grafik des Prager Architekten und Illustrators Jiří Stibral, 1896.

Als 1546 im Heiligen Römischen Reich Deutscher Nation der so genannte Schmalkaldische Krieg der katholischen Reichsfürsten und des Kaisers gegen den Schmalkaldischen Bund als Zusammenschluss der evangelischen Fürsten ausbrach, sollte sich auch Böhmen durch Truppenbereitstellungen und finanzielle Hilfe auf Seiten des Kaisers an diesem Krieg beteiligen. Die böhmischen Stände, von deren Mitgliedern viele entweder den Utraquisten, den Böhmischen Brüdern oder den Lutheranern anhingen, fürchteten, dass diese Politik auch auf die Böhmischen Länder zurückschlagen und den relativen Religionsfrieden im Lande gefährden könnte. In einer von Ferdinand I. zuvor untersagten Landtagssitzung am 18. März 1547 widersetzten sie sich den Anforderungen der Landesherrschaft. Der König gewann in den folgenden Wochen stückweise die Oberhand in Böhmen zurück, lediglich die Prager Städte hielten ihren Widerstand aufrecht. Am 1./2. Juni belagerte Ferdinand I. die Kleinseite und die Burg, und schließlich mussten die Prager Städte angesichts der militärischen Übermacht klein beigeben. Der erste böhmische Ständeaufstand war damit gescheitert. Die Prager Städte, die hohe Strafgelder an den Fiskus zahlen mussten, verloren zudem einen Großteil ihrer kommunalen Sonderrechte. Insgesamt wurde die Rolle der Städte innerhalb des ständischen Gefüges zugunsten des Adels geschwächt.

Ferdinand I. erkannte dennoch, dass er langfristig die Herrschaft der Habsburger in Böhmen und in Prag nicht mit Waffengewalt, sondern nur mit richtungweisenden Entscheidungen sichern konnte. Im Jahre 1549 nominierte er seinen Sohn Maximilian II. für die Nachfolge in Böhmen; mit ihm unternahmen 200 ausgewählte böhmische Adelige in den Jahren 1551–1552 eine Reise nach Norditalien, wo sie sich mit der italienischen Renaissancekultur und dem Humanismus vertraut machten, was auch für die weitere Entwicklung Prags von großer Bedeutung werden sollte. Ein möglicher unmittelbarer Effekt dieser Reise war etwa das eigenwillige, in einem westlich vor den Toren der Stadt gelegenen Wildgehege in den Jahren

1555–1556 gebaute Jagdschloss Stern (Hvězda) auf dem Grundriss eines sechseckigen Sterns. Jede Ecke und jeder Zwischenraum ist einer bestimmten antiken Gottheit zugeordnet. Die Idee hatte der Bauherr, Erzherzog Ferdinand, ein Sohn Ferdinands I., selbst, die Ausführung oblag als Gemeinschaftswerk italienischen und deutschen Baumeistern.

Vor allem aber setzte Ferdinand I. in Böhmen die aktuellen Entscheidungen des Konzils von Trient zugunsten der katholischen Gegenreformation um. Auf seine Initiative und auf Bestreben von Teilen des katholischen Hochadels gründete der Jesuitenorden im Jahre 1556 in Prag ein eigenes Kolleg, dessen erster Leiter Ursmar Goisson SJ aus Lüttich (Liège) wurde. Zuvor hatte Petrus Canisius SJ, einer der wichtigsten Theologen und Kirchenpolitiker in der Frühzeit des Jesuitenordens, von Wien aus in Prag die entsprechenden Vorkehrungen getroffen. Die Jesuiten schufen in Konkurrenz zur utraquistisch geprägten Universität eine eigene Akademie als neuen Mittelpunkt katholischer Gelehrsamkeit, weitere Ordensschulen und karitative Einrichtungen folgten. Im Jahre 1561 schließlich besetzte Ferdinand I. mit Erzbischof Anton Brus von Müglitz/Antonín Brus z Mohelnice erstmals wieder den seit 1421 vakanten Prager Erzbischofsstuhl. Damit konnte die katholische Kirche in Prag und Böhmen beachtliches Terrain zurückgewinnen.

## *Confessio Bohemica*

Als ein Jahr darauf Ferdinands Sohn Maximilian II. den böhmischen Thron bestieg und am 7. September 1562 im Veitsdom gekrönt wurde, bekam er zu diesem Anlass ein besonderes Geschenk überreicht: die bis dahin perfekteste Stadtansicht Prags, hergestellt von den beiden Druckern Jan Kozel und Michael Peterle, *Praga Bohemiae metropolis accuratissime expressa 1562.* Aufgrund ihrer Größe wurde sie aus mehreren Holzschnitt-Druckplatten angefertigt; nur zwei Abzüge, ein kolorierter, heute in Breslau (Wrocław), und ein unkolorierter in Stockholm, sind davon bekannt.

Maximilian II. fand in Prag eine gefestigte Herrschaft und eine in wesentlichen Elementen erneuerte katholische Ordnung vor. Dabei war er selbst im Unterschied zu seinem Vater gar kein scharfer Verfechter der Gegenreformation. Die ihm im Jahre 1575 von den protestantischen Ständen in Böhmen präsentierte *Confessio Bohemica* [Böhmische Konfession] stellte einen Versuch dar, einen Ausgleich zwischen den reformatorischen Glaubensrichtungen, insbesondere den Utraquisten und den Lutheranern, herzustellen. Der Kaiser, dem selbst gewisse

Der doppelschwänzige böhmische Löwe. – Illustration aus dem *Kalendář Hystorycký* (Geschichtskalendarium) von Daniel Adam z Veleslavína, 1590.

Sympathien für den Protestantismus nachgesagt werden, segnete dieses Papier mündlich ab, erließ dazu aber nie eine schriftliche Bestätigung, die es hätte rechtskräftig werden lassen. Maximilian starb im Jahre 1576 während des Reichtags zu Regensburg. Wie sein Vater Ferdinand I. wurde er im Veitsdom beigesetzt.

### *Die Pflege der tschechischen Sprache*

Der humanistische Einfluss und ein durch Maximilian II. inspiriertes, neu erwachtes Interesse an der tschechischen Sprache machten sich in der Produktion der etwa 80 Prager Verlagshäuser im 16. Jahrhundert bemerkbar. Unter ihnen ragte die Offizin von Jiří Melantrich z Aventýna hervor; Melantrich brachte in seiner neben natur- und sprachwissenschaftlichen sowie literarischen und philosophischen Werken in mehreren Sprachen insbesondere in mehreren Auflagen die *Biblij Czeská* [Tschechische Bibel], auch Melantrich-Bibel genannt, heraus. Nach 1580 setzte Melantrichs Schwiegersohn, der Prager Universitätsprofessor Daniel Adam z Veleslavína, den Druckerei- und Verlagsbetrieb fort. Als Historiker und humanistisch gebildeter Gelehrter kümmerte er sich unter anderem um die Pflege der tschechischen Literatursprache, weshalb der Späthumanismus in Prag auch als „veleslavínisches Zeitalter" bezeichnet wurde. Von der technologischen Entwicklung der Bucherzeugung profitierten im Übrigen die Prager Juden ebenfalls: Bereits ab den Jahren 1526/27 hatte der Buchdrucker Gerson Kohen in Prag Werke mit hebräischen Typen hergestellt.

## Prag als europäisches Zentrum unter Rudolf II.

Eine besondere kulturelle Blütezeit erlebte Prag unter Kaiser Rudolf II., der als böhmischer König zwischen 1576 und 1611 regierte. Diese Jahre werden oft mit der Regierungszeit Karls IV. verglichen, als Prag ebenfalls die Aufmerksamkeit Europas auf sich gelenkt hatte. Rudolf II., dem eine gewisse Menschenscheu nachgesagt wird, verlegte im Jahre 1583 seine Residenz von Wien nach Prag, um dem Trubel des Hofes zu entkommen. Die Stadt an der Moldau wurde durch diesen Schritt als Kaiserresidenz um die Wende vom 16. zum 17. Jahrhundert zu einem Schnittpunkt verschiedenster kultureller Entwicklungen in Europa. Das kunst-, bildungs- und wissenschaftsfreundliche Klima zog zahlreiche Menschen aus den deutschen Landen, aus den Niederlanden, Spanien, Italien und anderen Gegenden Europas an.

## Eine neue Zeitrechnung

Aus einem Kalendarium des Prager Humanisten Daniel Adam z Veleslavína:

*Am 7. Januar 1583 trat im Königreich Böhmen und den ihm angeschlossenen Ländern der zuvor von Papst Gregor XIII. entwickelte und herausgegebene Kalender in Kraft und wurde im selben Jahr mit Zustimmung aller drei auf dem Landtag vertretenen Stände des Königreichs Böhmen* [...] *veröffentlicht. Man strich zehn Tage aus dem Kalender, so dass man anstelle des 7. Januar, des Tags nach Dreikönig, den 17. jenes Monats schrieb, den Tag des heiligen Antonius.*

Zwar wird Rudolf II. in politischer Hinsicht als schwacher, unschlüssiger Herrscher beschrieben, doch war er ohne jeden Zweifel ein erstklassiger Freund und Förderer der Künste. Zu seinem Prager Umfeld zählte etwa der italienische Maler Giuseppe Arcimboldo, der das Konterfei des Monarchen 1591 auf seinem Bild *Vertumnus* als allegorische Komposition von Früchten, Gemüsen und Blumen verewigte. Aus München kam im Jahre 1596 der rheinische Maler Hans von Aachen an den Prager Hof und wurde zum kaiserlichen Hofmaler ernannt; er traf dort auf zwei bereits in Prag tätige flämische Meister, den Maler Bartholomäus Spranger und den Kupferstecher Aegidius Sadeler. Zwischen Prag und Augsburg changierte hingegen der Schweizer Maler Joseph Heintz. Im Jahre 1601 ließ sich noch der niederländische Bildhauer Adriaen de Vries in Prag nieder. In der Regierungszeit Rudolfs II. erfolgte auch ein weiterer Ausbau des Burgareals.

Angesichts allgemein gestiegener Ansprüche, aber auch der hohen Anforderungen an eine Hauptstadt, vermehrten sich in Prag unter der Herrschaft Rudolfs II. die Gewerbe; sie waren alle in Zünften organisiert, 43 in der Altstadt, 40 in der Neustadt und 25 auf der Kleinseite.

Rudolf II. erhob im Jahre 1592 den Hradschin (Hradčany) zur königlichen Stadt und stellte ihn damit der Altstadt und der Kleinseite gleichberechtigt zur Seite. Es handelte sich um eine sozial stark differenzierte Stadt, in der auf relativ engem Raum nebeneinander stolze Renaissancepaläste und ärmere Viertel wie die heute als romantisch empfundene Handwerkersiedlung Neuwelt (Nový Svět) oder die auf der Burg selbst im Schutze einer Mauer errichteten Häuschen der Burgwache umfasste. Da man diese Häuschen in späteren Zeiten für Alchemistenbehausungen hielt – Rudolf II. hatte in der Tat eine Schwäche für die Alchemie! –, setzte sich der Name Goldenes Gässchen (Zlatá ulička) allgemein durch. Im Jahre 1600 wurde im Bereich des Hradschin unter Abt Johannes Lohelius auch das Prämonstratenserkloster Strahov wiederbelebt. Das bereits bestehende Jagdgelände der Bauminsel (Stromovka) bei Holešovice ließ Rudolf erweitern. Dort stand seit der Zeit des Jagiellonen Vladislav II. ein zweigeschossiges Jagd- und Lustschloss (Letohrádek) mit Renaissanceinterieur. Unter dem Letná-Hügel ließ Rudolf einen langen Stollen anlegen, durch den Wasser aus der Moldau in eine künstliche Seen- und Kanallandschaft auf der Bauminsel geleitet wurde.

Ein besonderes Interesse hegte Rudolf II. für astrologische Fragen. Daher kam 1599 der dänische Sternkundige Tycho Brahe nach Prag, dem ab 1600 auch sein deutscher Kollege Johannes Kepler folgte. Aufgrund der Beobachtungen Brahes gab Kepler die *Tabulae Rudolphinae* [Rudolfinischen Tafeln] heraus, in denen er die Ellipsenbahn des Mars nachwies und die Geschwindigkeit der Planeten bestimmte. Kaiser Rudolf II. förderte schließlich auch die Wiederansiedlung der Juden in der Prager Altstadt und gestand ihnen die Gründung einer Talmud-Schule zu. Zu dem Bild des magisch veranlagten Herrschers passt seine legendenumrankte Begegnung mit dem Prager Rabbiner Judah Löw, den er in der Judenstadt aufgesucht und mit ihm ein freundschaftliches Gespräch geführt haben soll. Rabbi Löw, der in der Prager Legendenüberlieferung als angeblicher Schöpfer des Golems, einer belebten Tonfigur, in Erinnerung geblieben ist, war einer der bedeutendsten jüdischen Gelehrten der Frühen Neuzeit. Sein Grab auf dem Alten Jüdischen Friedhof ist bis heute für gläubige Juden ein Ort der Andacht. In seinen Beziehungen zu einem anderen Bewohner der Judenstadt verfolgte Rudolf II. jedoch weniger intellektuelle Interessen: Nach dem Tod des wohlhabenden Kaufmanns und Mäzens Mordechai Maisl, der unter anderem das Jüdische Rathaus und die nach ihm benannte Maisl-Synagoge finanziert hatte, ließ der Kaiser dessen Hinterlassenschaft beschlagnahmen, obwohl er ihm zuvor die Vererbbarkeit seines Vermögens ausdrücklich garantiert hatte.

## *„Bruderzwist im Hause Habsburg“*

Eine der letzten Amtshandlungen Rudolfs war die Ausstellung der beiden Majestätsbriefe für Böhmen und Schlesien im Juli bzw. August 1609. Darin wurde den protestantischen Ständen in diesen beiden Ländern die freie Religionsausübung zugesichert. Es war allerdings weniger bewusste Toleranz, die den Kaiser zu diesem Schritt veranlasste, vielmehr die Einsicht, dass er sich im Kampf gegen seinen Bruder Matthias, der ihm zunehmend die kaiserliche Macht streitig machte und bereits die Unterstützung der mährischen und ungarischen Stände erlangt hatte, nur mit Hilfe der evangelischen Kräfte Böhmens und Mährens durchsetzen könne. Doch rief Rudolf schon zwei Jahre später seinen Neffen, den Passauer Bischof Leopold, mit einer Streitmacht gegen die böhmischen Stände zu Hilfe. Prag wurde von den Passauer Truppen geplündert. Schließlich gewann Matthias gegenüber Rudolf die Oberhand: Er erlangte 1611 die böhmische Königskrone, die er jedoch sechs Jahre später seinem Cousin Ferdinand II. überließ. An die Herrschaft Matthias' erinnert bis heute am Hradschin das von italienischen Architekten im Jahre 1614 errichtete frühbarocke Neue Tor oder Matthiastor, ein ursprünglich freistehender Triumphbogen, der heute den Durchgang vom Ersten zum Zweiten Burghof bildet.

# Die barocke Stadt

## Der zweite Böhmische Ständeaufstand und der Dreißigjährige Krieg

Ferdinand II., der Nachfolger Matthias' seit 1617 auf dem Kaiserthron, war ein entschiedener Anhänger der katholischen Gegenreformation und machte zahlreiche Sonderrechte, die Rudolf II. den protestantischen Ständen in Böhmen eingeräumt hatte, wieder rückgängig. Die protestantischen Stände in Böhmen reagierten mit Unmut auf die zunehmend restriktive Religionspolitik aus Wien. Im März 1618 verfassten sie ein Protestschreiben an den Kaiser, um gegen die Schließung einer evangelischen Kirche im nordostböhmischen Braunau (Broumov) und den Abriss eines protestantischen Gotteshauses in Klostergrab (Hrob) im Erzgebirge Einspruch zu erheben. Der Kaiser reagierte mit einem Verbot weiterer Standesversammlungen. Dennoch hielten die böhmischen Stände am 21. Mai 1618 im Prager Carolinum eine erneute Zusammenkunft ab und begaben sich in deren Anschluss am 23. Mai unter der Führung des Grafen Heinrich Matthias von Thurn in einem Protestzug zur Prager Burg. Zunächst warfen sie die beiden kaiserlichen Gesandten Jaroslav Bořita z Martinic und Wilhelm/Vilém Slavata, anschließend auch noch den Kanzleischreiber Philip Fabricius aus dem Fenster der Landtagsstube in den Burggraben. Die drei „Defenestrierten" überlebten durch glückliche Umstände den „zweiten Prager Fenstersturz" aus etwa neun Metern Höhe mit mehr oder weniger schweren Blessuren. Vermutlich hatten ihre weiten Gewänder den Aufprall abgeschwächt. Martinic, Slavata und Fabricius fanden Aufnahme im Hause der streng katholischen Adeligen Polyxena von Lobkowicz, welche die Verletzten versorgte und notdürftig kurierte. Von Prag aus konnten sie sich unbemerkt an den kaiserlichen Hof nach Wien durchschlagen. Fabricius wurde 1625 vom Kaiser in den Ritterstand erhoben und durfte zur Erinnerung an den glücklich überlebten Fenstersturz fortan das Adelsprädikat „von Hohenfall" führen.

„Zweiter Prager Fenstersturz", 1618. – Kupferstich von Matthaeus Merian, 1643. Herzog August Bibliothek, Wolfenbüttel.

Unterdessen setzten die rebellischen Adeligen am 24. Mai 1618 ein dreißigköpfiges Direktorium ein und brachen ganz offen mit dem Kaiser. Sie hatten aber ihren moralischen und politischen Rückhalt beim städtischen Bürgertum und beim Landvolk der Böhmischen Länder überschätzt, was sie zu politischen Vereinbarungen mit der Protestantischen Union im Reich sowie mit den Niederlanden und Großbritannien zwang. Als Kaiser Matthias im März 1619 starb, verweigerten die böhmischen protestantischen Stände seinem Nachfolger Ferdinand die Gefolgschaft. Am 31. Juli verkündeten sie eine neue Verfassung, wonach die Böhmischen Länder eine Konföderation gleichberechtigter Länder mit einem Wahlkönig werden sollten. Am 19. August 1619 erklärten sie Ferdinand als König von Böhmen für abgesetzt und wählten eine Woche später an seiner Stelle den Kurfürsten Friedrich V. von der Pfalz, eines der prominentesten Mitglieder der Protestantischen Union, zum neuen König.

Unterdessen stellten der Kaiser und die Katholische Liga mächtige österreichische, bayerische und sächsische Truppen gegen Böhmen auf. Diese vereinte Streitmacht erlangte am 8. November 1620 am Weißen Berg (Bílá hora), einer westlich von Prag gelegenen Anhöhe, gegen das desorganisierte Heer der protestantischen Stände einen Sieg. Militärgeschichtlich war diese Schlacht eigentlich nicht allzu bedeutend – in politischer Hinsicht gehört sie aber zu den Augenblicken, in denen in Prag europäische Geschichte mit weit reichenden Folgen geschrieben wurde. Einigen Anhängern des Direktoriums gelang mit dem fortan „Winterkönig“ genannten Friedrich von der Pfalz die Flucht ins Ausland, andere gerieten in die Hände kaiser-

Die Schlacht am Weißen Berg bei Prag. Die Darstellung zeigt im Hintergrund die Stadt und visualisiert damit den Zusammenhang zwischen dem Kampf und der böhmischen Metropole. – Kupferstich von Matthaeus Merian, 1635. Herzog August Bibliothek, Wolfenbüttel.

licher Agenten. Die kaiserlichen Truppen und ihre Verbündeten plünderten Prag aus und versetzten die Bevölkerung durch Willkürakte in Furcht und Schrecken. Als blutige Vergeltungsaktion des Kaisers wurden am 21. Juni 1621 auf dem Altstädter Ring 27 böhmische Standesherren, Bürger und Intellektuelle öffentlich enthauptet. Unter ihnen befanden sich Angehörige der ehrbarsten Familien des Landes, Bürgermeister und Ratsherren bedeutender Städte, aber auch der damalige Rektor der Karlsuniversität, der Mediziner und Philosoph Jan Jessenius, ein auf dem ganzen Kontinent geachteter und in evangelischen Kreisen gut vernetzter Gelehrter.

## Das Strafgericht gegen die böhmischen Protestanten

*Nach folgender Gestalt haben die drey Richter von allen 3 Städten einen gefangenen nach dem andern über den Gang, so auß dem Rahthaus biß auff die vorm Rahthauß und mit schwartzen Thuch umbdeckte Bühne gewesen, vorgeführet, auff einen Gang daneben hat der Altstädter Raht und die 3 Kays. Richter als Executores gesessen.*

*Auf der Bühne ist ein Crucifix gestelt gewesen, und vor demselben einem jeden ein besonder schwartz Thuch auffgebreitet worden* [...]. *Sie haben alle fleißig gebetet und in wahrem Glauben an Christum biß an ihr Ende standhafftig verharret* [...]. *Kurtz vor der Execution hat sich über dem Rahthaus ein überaus schöner Regenbogen sehen lassen, und selbiger auch von denen verurtheilten Personen observiret worden, die sich dessen gleichsamb hertzlich erfrewet, davon allerley Discurs gefallen, der ist auch eine gutte weil stehen blieben.* [...] *Es seind ihrer noch viel gefangen, und werden täglich noch mehr eingezogen.* [...]

Zur brutalen Abschreckung der Bevölkerung hingen die abgetrennten Häupter und Gliedmaßen von 12 der 27 Geköpften zehn Jahre lang am Altstädter Brückenturm. Das Eigentum der Hingerichteten wurde zugunsten des Fiskus konfisziert. Die Habsburger setzten auf eine Abrechnung mit den Anhängern der protestantischen Religionsbekenntnisse in Böhmen. Das große Bildnis Georgs von Podiebrad und den Kelch an der Fassade der Teynkirche ließen sie einschmelzen und durch die heute dort noch sichtbare, vergoldete Marienstatue ersetzen. Seit 1622 stand die Prager Universität unter der Oberaufsicht jesuitischer Gelehrter. Zu den Profiteuren der kaiserlichen Politik zählte vorläufig der Feldherr Albrecht Eusebius von Wallenstein, der sich zwischen 1623 und 1630 auf der Kleinseite ein eigenes Palais errichtete, das der Größe nach gleich nach der kaiserlichen Burg rangierte und im Innern äußerst kunstvoll in frühbarocker Manier ausgestattet wurde.

Die von Kaiser Ferdinand II. am 10. Mai 1627 erlassene *Verneuerte Landesordnung* (*Obnovené zřízení zemské*) ließ in Böhmen einzig und allein den römisch-katholischen Glauben zu, machte die Habsburger unter Aufhebung des ständischen Bestätigungsrechts zur Erbdynastie in den Böhmischen Ländern und schränkte die Befugnisse der Städte zugunsten der kaiserlichen Zentralmacht ein. Auch Prag ging damals vieler seiner bisherigen Privilegien verlustig. Eine ganze Reihe von dort tätigen Landesbehörden wurde entweder aufgehoben oder nach Wien verlagert. Eine weitere Begleiterscheinung des Dreißigjährigen Krieges waren Skandale, etwa die massenhafte Produktion von Prager Falschmünzen, die eine Inflation in Mitteleuropa hervorrief. Aus der wenige Jahrzehnte zuvor noch glänzenden Residenzstadt Rudolfs II. war eine unter vielen Provinzstädten der Habsburger Monarchie geworden.

Viele Protestanten, die von ihrem religiösen Bekenntnis nicht ablassen wollten, waren zum Verlassen des Landes gezwungen worden – aus Prag waren in den Jahren 1627–1628 alleine an die 600 führende Familien betroffen. Aus wirtschaftlichen Gründen mussten auch katholische Bürger Prags ihrer Heimatstadt den Rücken kehren. Zu ihnen gehörte etwa der bedeutende Kupferstecher, Radierer und Zeichner Wenzel Hollar, der danach den größten Teil seiner Laufbahn in Deutschland, den Niederlanden und England verbrachte. Er schuf 1649 eine der genauesten Stadtansichten Prags; seine entsprechend akkurat gearbeiteten Stadtbilder von London gelten als präzise Bestandsaufnahmen vor dem „Great Fire“ von 1666, bei dem vier Fünftel der englischen Hauptstadt in Schutt und Asche gelegt wurden. Viele von Hollars Werken befinden sich heute unter anderem in der Prager Nationalgalerie.

Im November 1631 kapitulierte Prag vor sächsischen Belagerungstruppen, wurde anschließend besetzt und zur Plünderung freigegeben. Heute nimmt man an, dass das Betragen der evangelischen Besatzung die anschließende Rekatholisierung vieler Prager Protestanten nicht unwesentlich mit beschleunigt hat. Im darauf folgenden Frieden von Prag trat am 30. Juni 1635 Kaiser Ferdinand II. die bis dahin zur Böhmischen Krone zählende Oberlausitz an den sächsischen Kurfürsten Johann Georg I. ab. Dennoch blieben zwischen Böhmen und der Oberlausitz auch weiterhin intensive kulturelle Beziehungen bestehen. So gründeten zwei katholische sorbische Priester aus der Gegend von Bautzen (Budyšin) im Jahre 1694 auf der Prager Kleinseite eine „Hospitalität" für katholische Studierende aus der Oberlausitz, aus der 1724 das Wendische Seminar (Lužický seminář, sorbisch: Serbski seminar) hervorging. Es war bis zu seiner Schließung (1922) eine wichtige Stätte der Priesterausbildung und der Pflege der dem Tschechischen verwandten obersorbischen Sprache.

Noch im letzten Jahr des Dreißigjährigen Krieges (1648) erlebte die Prager Stadtbevölkerung hautnah die unmittelbaren Auswirkungen dieser europäischen Auseinandersetzung. Ein schwedisches Heer unter der Führung von General Hans Christoffer von Königsmarck belagerte Prag und nahm die Stadtteile am linken Moldauufer ein. Die Soldateska plünderte die dort gelegenen Klöster und die von Kaiser Rudolf II. auf der Burg angelegten Kunstsammlungen, sofern sie nicht zuvor vorsorglich nach Wien abgezogen oder in Prag selbst in Sicherheit gebracht worden waren. Auf der Karlsbrücke entbrannten Kampfhandlungen, in deren Zusammenhang die Altstadt auch unter schwedischen Artilleriebeschuss geriet. Dennoch konnten die Stadtteile am rechten Flussufer dank der nach 1631 neu angelegten Festungsanlagen und eines österreichischen Entsatzheeres der Belagerung bis zum Abschluss des Westfälischen Friedens standhalten. Die wackere Haltung der Prager Studenten und der jüdischen Gemeinde bei der Verteidigung der Karlsbrücke gegen die Schweden wurde geradezu legendär. Der Dreißigjährige Krieg und die Politik der Landesherrschaft bedeuteten in der Geschichte Prags einen massiven Einbruch. Die

Stadtbevölkerung reduzierte sich aufgrund von Emigration, Kriegseinwirkungen und schlechter Versorgung von etwa 60 000 Menschen bei Kriegsbeginn um über die Hälfte auf 26 400 im Jahre 1648. Erst in den 1670er-Jahren konnte dieser Verlust wieder kompensiert werden. Allerdings führten zwei große Pestepidemien in den Jahren 1680 und 1713 in Prag zu einem weiteren demografischen Rückgang. Der unter Kaiser Karl VI. ab 1711 verschärfte gegenreformatorische Kurs trieb erneut viele Menschen in die Emigration.

## Bauherren und Mäzene: „Prager Barock“

Die während und nach dem Dreißigjährigen Krieg intensivierte Rekatholisierungspolitik in den Böhmischen Ländern förderte die Entwicklung einer spezifischen Barockkultur in Prag, deren künstlerische Hinterlassenschaften das Stadtbild gleichermaßen geprägt haben wie die zuvor errichteten Bauten des Mittelalters und der Frühen Neuzeit. Sie wirkte sich aber auch auf das geistige Leben aus, zumal das 17. Jahrhundert für Böhmen demografische Veränderungen bedeutete – vor allem das Exil protestantischer Eliten und den Zuzug einer neuen, nicht-tschechischsprachigen Führungsschicht. Neue Adelsfamilien kamen etwa aus Italien, aus den österreichischen Landen, aus den katholischen Niederlanden und Spanien. Zu nennen wäre hier auch eine kleine Gruppe irisch-katholischer Exulanten, von denen einige Franziskanermönche im Jahre 1631 das Hibernerkloster in der Neustadt begründeten, benannt nach der lateinischen Bezeichnung „Hibernia“ für Irland. Die Franziskaner führten in diesem Kloster den Anbau von Kartoffeln in Böhmen ein.

Das Barock wurde aus der tschechischen Perspektive des 19. Jahrhunderts fast ausschließlich als eine Phase empfunden, in der die Eigenstaatlichkeit sowie die tschechische Sprache und Kultur einen Niedergang erlebt hätten. Die so genannte Finsternis (tschechisch: Temno) traf jedoch nicht für alle Lebensbereiche zu, denn gerade in kirchlichen Sphären behielt das Tschechische eine große Bedeutung bei. Daher konnte sich beispielsweise eine Persönlichkeit wie der Prager Priester und Gelehrte Bohuslav Balbin SJ einerseits an der Rekatholisierung beteiligen, an-

Ein Ort jesuitischer Gelehrsamkeit: Der Bibliothekssaal des Clementinums – heute Sitz der Nationalbibliothek. – Foto: Atelier Eckert, Prag, um 1900.

dererseits für die Pflege tschechischer Sprache und Kultur eintreten, wofür vor allem seine Schrift *Rozprava na obranu jazyka slovanského, zvláště pak českého* [Streitschrift zur Verteidigung der slawischen Sprache, vor allem aber der tschechischen] von 1672–1673 steht. Teile der neuen, fremden Eliten passten sich relativ rasch an die einheimischen Verhältnisse an. Doch auch an den bildenden Künsten hatten durchaus tschechische Bildhauer und Maler einen nicht unbeträchtlichen Anteil.

Das erste, dringende Anliegen des Landesherrn und der Prager Städte nach dem Abzug der schwedischen Belagerungstruppen war jedoch die Errichtung einer mächtigen barocken Festungsanlage mit Bastionen und Toren an den wichtigen Ausfallstraßen. Dieser sehr kostspielige und schon aufgrund der bewegten Topografie Prags aufwändige Festungsbau zog sich bis ins erste Viertel des 18. Jahrhunderts hin.

## Adeliger Luxus

Aus einem 1677 erschienenen Reisebericht des englischen Arztes Edward Brown:

*Am besten gefiel mir das Palais des Grafen Wallenstein, Herzogs von Friedland und Generals unter Kaiser Ferdinand II., der unter dem Verdacht, das Königtum usurpieren zu wollen, hinterher in Eger umgebracht worden ist. Dieses Palais wurde auf den Ruinen von etwa 100 Häusern aufgerichtet, die vermutlich abgerissen wurden, um dafür Platz zu schaffen. Darin befindet sich eine große Halle, ein ansehnlicher Garten mit auf einer Seite einem Domizil für Pferde, auf der anderen Seite einem Fischteich. In einem anderen Teil befindet sich ein vornehmes Vogelhaus mit einem Garten und Bäumen darin, nach dem Vorbild des Vogelhauses des Prinzen Doria in Genua, mit achtzig Fuß Länge und achtzig Fuß Breite. Die Stallung ist groß und sehenswert, eine Marmorsäule steht dort zwischen jedem Pferd. Für jedes Pferd befindet sich an der Wand eine Stahlhalterung, darunter ein marmorner Fresstrog; über jedem Pferd hängt dessen lebensgroßes Gemälde mit seinem Namen darunter. Unter anderem bemerkte ich, dass ein braunes Pferd „Monte d'Oro“ hieß, ein anderes „Bella Donna“, ein weiteres „Espagnoletta“, sein Lieblingspferd aber hieß „Mas Querido“.*

Während des Dreißigjährigen Kriegs waren im Wesentlichen nur drei neue Adelsrepräsentationen auf der Kleinseite errichtet worden: das Wallenstein-Palais, das Michna-Palais auf der Kampa-Insel und das Liechtenstein-Palais am Kleinseitner Ring. Die zweite Hälfte des 17. Jahrhunderts wurde dann zu einer regelrechten Aufbruchphase adeliger Repräsentation. Der monumentalste Bau ist das heute vom tschechischen Außenministerium genutzte Czernin-Palais (ab 1669), dem insgesamt 51 weitere in unterschiedlichen Stadtbereichen folgten. Im Norden Prags beauftragte Wenzel Adalbert Graf von Sternberg den französischen Baumeister Jean-Baptiste Mathey mit der Errichtung des Schlosses Troja (Zámek Troja) mit einem reich ausgemalten Festsaal, einer prachtvollen Freitreppe und ausladenden Gartenanlagen zur Moldau hin. In der Altstadt schlug 1707 der böhmische Spitzendiplomat Johann Wenzel von Gallas, der zeitweise auch als Vizekönig von Neapel amtierte, sein Quartier auf. Für ihn wurde der Architekt Bernhard Fischer von Erlach tätig und schuf ein stattliches Palais (Palais Clam-Gallas).

Beeinflusst vom adeligen Bauwesen errichteten sich auch zahlreiche wohlhabende Prager Patrizierfamilien stattliche barocke Palais oder ließen ihre aus dem Mittelalter oder der Renaissance stammenden Häuser straßenseitig mit barocken Fassaden verkleiden. Sie sind zumeist mit bestimmten Hauszeichen versehen, die früher die Orientierung erleichtern sollten und heute in ihrer großen Fülle eine sehenswerte Besonderheit darstellen. Neben Familienwappen, religiösen, mythologischen und allegorischen Darstellungen finden sich darunter vereinzelt auch Zunft- oder Berufszeichen, die etwas über die Tätigkeit der früheren Bewohner aussagen. Heute klingen Hausnamen wie „Zu den zwei Sonnen", „Zum Krebs", „Zu den drei Geigen" – eine Erinnerung an die dort früher tätige Geigenbauerfamilie Edlinger – oder „Zum goldenen Löwen" wie poetische Reminiszenzen an die Barockwelt des 17./18. Jahrhunderts. Zum Eindruck Prags als „Barockstadt" tragen aber vor allem die zahlreichen barocken Kirchen bei, die aus der Stadtsilhouette nicht wegzudenken sind. Bereits fünf Jahre nach dem Westfälischen Frieden begann der Jesuitenorden mit dem Bau eines neuen Kolleggebäudes in der Altstadt, bei der bestehenden St.-Clemenskirche. Nach ihr erhielt der große barocke Komplex den Namen Clementinum.

Das Hauszeichen „Zu den drei Geigen" auf der Kleinseite in der Sporner-gasse/Nerudova, um 1700, erinnert an den Geigenbauer Thomas Edlinger.

## *Die Dientzenhofer*

Der barocke Kirchenbau in Böhmen ist untrennbar verbunden mit dem Namen Dientzenhofer, einer im 17. Jahrhundert aus Oberbayern zugewanderten Künstlerfamilie. Christoph Dientzenhofer erwarb als erster das Bürgerrecht der Kleinseite. Er beteiligte sich am Bau des Loreto auf dem Hradschin, einer Wallfahrtsanlage um eine Kopie der Casa Santa, und begann 1703–1711 mit dem Bau der Kirche St. Nikolaus auf der Kleinseite, die sein Sohn Kilian Ignaz zwischen 1737 und 1752 vollenden sollte. Auch die neuen Klostergebäude in Břevnov stammen von Christoph Dientzenhofer. Kilian Ignaz Dientzenhofer führte das böhmische Barock unter Aufnahme vor allem norditalienischer Einflüsse seinem Höhepunkt zu, indem er kühne, dynamisch geschwungene Wandlösungen im

Innern der von ihm gebauten Kirchen mit der Idee des Zentralraums verband. Die zwischen 1730 und 1739 ausgeführte Kirche St. Johann Nepomuk auf dem Felsen bietet dafür ein hervorragendes Beispiel. Kilian Ignaz Dientzenhofer schuf ferner 1730 die Kirche St. Karl Borromaeus (heute St. Kyrill und Method) in der Neustadt und 1732–1735 die Kirche St. Niklas in der Altstadt, bei denen er seine sonstige Formenvielfalt nur zurückhaltend einsetzte. Kilian Ignaz Dientzenhofer arbeitete eng zusammen mit einem anderen Prager Architekten, František Maximilián Kaňka, aber auch mit dem aus Tirol zugewanderten Bildhauer Matthias Bernhard Braun und den Malern Peter Johann Brandl und Wenzel Lorenz Reiner. In letzter Zeit ist durch ein gesteigertes Interesse von Kunsthistorikern das malerische Schaffen des Prager frühbarocken Künstlers Karel Škréta – vor allem Porträts und religiöse Szenen – wieder stärker in den Vordergrund gerückt worden. Hinzu kommen Werke zahlreicher auswärtiger Künstler, insbesondere aus Italien, Spanien und Flandern. Die Italiener ließen sich bevorzugt auf der Kleinseite nieder, wo noch heute die Welsche Gasse und die Welsche Kapelle von ihrer Anwesenheit Zeugnis geben.

## Heiligenverehrung und Wallfahrtswesen

Die Prager Barockkultur erschöpfte sich aber nicht in Bauten und Kunstsammlungen, sondern durchdrang viele Bereiche des alltäglichen Lebens. Die großen Feiern anlässlich der Besuche der Kaiser, die pompösen, mit Musik untermalten Jesuitenspiele im Geiste der Gegenreformation und andere religiöse Festhandlungen bildeten Schauspiele der kirchlichen und der weltlichen Macht. Eine herausragende Bedeutung hatte dabei die Kanonisierung des Heiligen Johannes von Nepomuk im Jahre 1729 und die Schaffung eines Hochgrabs im Veitsdom in prunkvoller Silberschmiedearbeit. Ihm war bereits 1683 auf Initiative der Jesuiten die Aufstellung einer Johannes-Nepomuk-Bronzestatue des aus der Zips gebürtigen Bildhauers Jan Brokoff auf der Karlsbrücke vorausgegangen. Sie wurde zu

Innenraum der Kirche St. Nikolaus auf der Kleinseite. – Foto: Jindřich Eckert, um 1900.

einer Art Prototyp für unzählige Brückenstatuen dieses Heiligen, der in den Böhmischen Ländern und ihren katholischen Nachbarländern sehr beliebt wurde.

In Prag konstituierten sich wie anderswo im 17./18. Jahrhundert religiöse Bruderschaften und Laienvereinigungen. Das Wallfahrtswesen nahm einen großen Aufschwung, so zur Votivkirche am Weißen Berg. Schon im Jahre 1628 hatte die im

Zusammenhang mit dem Fenstersturz von 1618 erwähnte Adelige Polyxena von Lobkowicz eine kleine, vermutlich in Spanien als Klosterarbeit angefertigte Christusfigur für die Kirche St. Maria Victoria auf der Kleinseite gestiftet, die als Prager Jesulein (Pražské Jezulátko) bis heute weltweit von Katholiken verehrt wird und im Laufe des Kirchenjahres von den Nonnen mit unterschiedlichen Mänteln bekleidet wird.

## Ein schwieriges Verhältnis: Maria Theresia und Prag

Kaum war der barocke Stadtausbau Prags weitgehend abgeschlossen, geriet die Stadt im 18. Jahrhundert gleich mehrmalig in die Frontlinie großer europäischer Antagonismen. Am 25./26. November 1741 wurde die Stadt im Österreichischen Erbfolgekrieg von einer französisch-bayerisch-sächsischen Armee eingenommen und am 7. Dezember 1741 der Wittelsbacher Karl Albrecht als Karl VII. zum böhmischen König gekrönt. Als Maria Theresia das Heft zu ihren Gunsten herumriss und am 12. Mai 1743 ihrerseits in Prag zur böhmischen Königin gekrönt wurde, hatte sie für die Wenzelskrone, die sie als „Narrenkappe“ bezeichnete, nur Verachtung übrig. Schon ein Jahr später eroberte jedoch erneut eine preußische Streitmacht die böhmische Hauptstadt. Maria Theresia bezichtigte die Prager Judengemeinde, durch einen Verrat an der Niederlage gegen Preußen schuld gewesen zu sein. Sie befahl bereits einen Monat nach dem Abzug der preußischen Besatzung am 18. Dezember 1744 die Ausweisung aller Juden aus Prag und aus anderen böhmischen Städten. Nur der Einspruch der städtischen Selbstverwaltungen konnte die Kaiserin dazu veranlassen, diese Vertreibung im Jahre 1748 zum Teil rückgängig zu machen, indem sie den Prager Juden zumindest ein vorübergehendes, auf zehn Jahre befristetes Aufenthaltsrecht gewährte.

Die Schlacht von Prag im Siebenjährigen Krieg am 6. Mai 1757 schrieb ebenfalls Geschichte. Auf preußischer Seite befehligten König Friedrich II. und Generalfeldmarschall Kurt Christoph Graf von Schwerin (der in der Auseinandersetzung den

Tod fand), auf österreichischer Seite Prinz Karl von Lothringen die Truppen. Nach der Niederlage des österreichischen Heeres, die die Gegenseite unter schwersten eigenen Verlusten herbeigeführt hatte, belagerte Friedrich II. Prag mit 50 000 Mann, bombardierte die Stadt und beabsichtigte, sie auszuhungern. Erst der österreichische Entlastungssieg bei Kolín an der Elbe am 18. Juni machte dieser Besatzung ein Ende und ließ die Prager Bevölkerung erleichtert aufatmen.

In den Friedenszeiten ihrer Herrschaftsjahre ließ Kaiserin Maria Theresia den Hradschin von italienischen Hofbaumeistern erneut ausbauen. Im Hinblick auf die architektonische Qualität konnte allerdings dieser etwas kasernenartig wirkende Bauabschnitt an die früheren Burgteile der Jagiellonen bzw. Rudolfs II. nicht mehr heranreichen.

Bis heute hat sich in Prag eine Neuerung aus der Zeit Maria Theresias deutlich erkennbar erhalten: In den Jahren 1770–1771 wurden, wie damals überall in der Monarchie, so genannte Konskriptionsnummern eingeführt. Da der absolutistische Staat mit seinen vielen Kriegshandlungen einen ständigen Bedarf an Rekruten hatte und die dafür eingesetzten Beamten sich im Gewirr der Gassen orientieren sollten, wurden alle Gebäude jedes Stadtteils durchnummeriert und alle wehrfähigen Hausbewohner auf entsprechenden Konskriptionslisten registriert. Bis heute tragen daher Prager Häuser zwei Hausnummern: eine Straßennummer und die davon unabhängige Konskriptionsnummer.

## Joseph II. und die Königliche Hauptstadt

Eine grundlegende Reform der Stadtstruktur führte Maria Theresias Sohn und Thronnachfolger Joseph II. (1780–1790) durch, der eine seit Jahrhunderten mehrfach erfolglos verfolgte Idee aufgriff: Kraft eines kaiserlichen Patents vom 12. Februar 1784 wurden die vier bislang administrativ selbstständigen Städte Altstadt (Staré Město), Neustadt (Nové Město), Kleinseite (Malá Strana) und Hradschin (Hradčany) unter einer einheitlichen Verwaltung zusammengelegt. Auf diese Weise entstand die Königliche Hauptstadt Prag (Královské hlavní město Praha) mit damals 76041 Einwohnern und einem neuen, nach einheitlichen Grundsätzen aufgebauten Gesamtmagistrat. Die Judenstadt (Židovské Město) mit dem Ghetto und der südlich angrenzende Vorort Smíchov sollten erst im Jahre 1850 Bestandteile dieser Verwaltungseinheit werden.

Kaiser Joseph II., der österreichische Protagonist des so genannten aufgeklärten Absolutismus, gilt in der Historiografie gemeinhin als Reformkaiser. Dies bezieht sich etwa auf die von ihm erwirkte Aufhebung der Leibeigenschaft und die rechtliche Gleichstellung von Christen und Juden. Die Art und Weise, seine Reformen umzusetzen, war und ist allerdings umstritten. Nach dem päpstlichen Verbot des Jesuitenordens im Jahre 1773 hatte Joseph II. nach seiner Regierungsübernahme nicht nur das Clementinum, sondern in Prag insgesamt 70 Klöster aufheben lassen. Dabei sind zahlreiche Kulturschätze unwiederbringlich verloren gegangen. Joseph II. ist im Bewusstsein vieler Tschechen aber vor allem als derjenige Herrscher in Erinnerung geblieben, der am 18. Mai 1784 den Gebrauch des Deutschen als alleiniger Amtssprache in allen Ländern der Monarchie anordnete. Zuvor hatte bereits der in Prag wirkende Bildungspolitiker Karl Heinrich Seibt, der die Aufsicht über die böhmischen Lateinschulen führte, die Rolle des Tschechischen als Unterrichtssprache stark zurückgedrängt.

Die kirchenfeindliche Haltung Josephs II. und der Einfluss der auch in Prag im ausgehenden 18. Jahrhundert unter den städtischen Eliten stark vertretenen Freimaurerei beflügelte das Klima des so genannten Josephinismus als einer spezifischen Sonderform der europäischen Aufklärungszeit. Einer ihrer Protagonisten, Franz Anton Nostitz-Rieneck, errichtete 1781–1783 in der Prager Altstadt ein Theater, das mit einer Aufführung der *Emilia Galotti* von Gotthold Ephraim Lessing eröffnet wurde und an dem sich wichtige gesellschaftliche Ereignisse abspielten. Da das Theater 1799 von der Vertretung der böhmischen Stände übernommen wurde, hieß es fortan Ständetheater. Dort feierte wenige Jahre zuvor der österreichische Komponist Wolfgang Amadeus Mozart seine größten Triumphe mit seinen Opern *Die Hochzeit des Figaro* und dem dort 1787 uraufgeführten *Don Giovanni*. Er wohnte während seiner Prag-Aufenthalte in der so genannten Bertramka in Smíchov, dem Weingut und Landhaus von František Xaver Dušek und dessen Frau, der Sopranistin Josefina Dušková, der Mozart eigene Soloarien widmete.

## Mozarts Erfolg beim Prager Publikum

> Von Prag aus schrieb Mozart am 4. November 1787 an seinen Freund Gottfried von Jacquin:
> *Den 29. October ging meine Opera D. Giovanni in Scene, und zwar mit dem lautesten Beifall. Gestern wurde sie zum vierten mal (und zwar zu meinem Benefice) aufgeführt. Ich gedenke den 12. oder 13. von hier abzureisen, bei meiner Zurückkunft sollen sie also die Arie gleich zu singen bekommen. NB. unter uns – ich wollte meinen guten Freunden (besonders Bridi und Ihnen) wünschen, daß Sie nur einen einzigen Abend hier wären, um Antheil an meinem Vergnügen zu nehmen! – Vielleicht wird sie doch in Wien aufgeführt? – ich wünsche es. Man wendet hier alles mögliche an, mich zu bereden, ein paar Monate noch hier zu bleiben und noch eine Oper zu schreiben; ich kann aber diesen Antrag, so schmeichelhaft er ist, nicht annehmen.*

Im Jahre 1791 kam Mozart zur Premiere der Oper *La clemenza di Tito* abermals nach Prag, als am 6. September die Krönung Leopolds II. zum böhmischen König gefeiert wurde. Diese Inthronisierung bot auch den Rahmen für die erste Gewerbeausstellung im Prager Clementinum, die früheste gewerbliche Leistungsschau auf dem europäischen Kontinent. Dabei wurden den zahlreichen Besuchern Umfang und Stand der heimischen Manufakturerzeugnisse vorgeführt, um nach der erklärten Absicht des Ausstellungsinitiators, des Frühindustriellen Heinrich Franz von Rottenhan, viele Bürger zur Nachahmung anzuregen, was auf lange Sicht der Wirtschaft Böhmens tatsächlich wichtige Impulse gab.

# Von der „nationalen Wiedergeburt“ zur Revolution von 1848

## Kultureller Aufbruch

Im ausgehenden 18. Jahrhundert wurde Prag zum Ausgangspunkt der tschechischen nationalen Wiedergeburt. Ihre Wurzeln können sowohl in der katholischen Aufklärung in den Böhmischen Ländern als auch in der Wirkung freisinnigen Gedankenguts gesehen werden. Als Freimaurer-Großmeister zog 1770 der Frankfurter Verleger Wolfgang Christian Gerle nach Prag, der dort 1771 einen ersten Lesezirkel eröffnete. Damit hielt auch in Prag eine für europäische Großstädte jener Zeit bezeichnende Salonkultur mit ihren gepflegten Lese- und Gesprächsrunden Einzug.

Das Verbot des Jesuitenordens im Jahre 1773 und die Säkularisierung der böhmischen Klöster durch Kaiser Joseph II. wurden wegen der damit einhergehenden kulturellen Verluste von zahlreichen gebildeten Zeitgenossen als bedrückend empfunden und beflügelten deren Gegenreaktionen. Der Publizist Matěj Václav Kramerius, der auf einer Jesuitenschule ausgebildet worden war und anschließend in Prag Jura studiert hatte, gründete im Jahre 1789 die erste moderne tschechischsprachige Zeitung, die *Pražské poštovské noviny* [Prager Postzeitung], die ab 1791 unter dem Namen *Krameriovy c.k. vlastenecké noviny* [Kramers k.k. vaterländische Nachrichten] herauskam. Der Erfolg ermutigte Kramerius, 1795 ein eigenes Verlagshaus, die „Česká expedice“, zu errichten. Einen ähnlichen Bildungshintergrund hatten auch der Historiker und Philologe František Martin Pelcl, der ab 1793 an der Prager Universität den ersten Lehrstuhl für tschechische Sprache bekleidete, sowie der Priester und Gelehrte Josef Dobrovský, der überhaupt als Begründer der wissenschaftlichen Slawistik in Prag gilt. Beide hatten sich als Hauslehrer im Prager Nostitz-Palais kennen gelernt, wo sie auch die Sitzungen der Böhmischen Königlichen Gesellschaft der Wissenschaften abhielten. Dobrovskýs an der Prager Universität tätiger Schüler Josef Jungmann wurde zu einem richtigen Sprachreformer des Tschechischen, für das er grammatische und stilistische Lehrwerke verfasste und ein Wörterbuch erarbeitete.

Für sprachwissenschaftliche Fragen interessierte sich auch der größte tschechische Wissenschaftler des 19. Jahrhunderts, Jan Evangelista Purkyně, wenngleich seine Hauptarbeitsgebiete die Medizin sowie verschiedene Bereiche der Naturwissenschaften und der Philosophie betrafen. Zwischen 1823 und 1849 wirkte Purkyně, der mit den führenden Gelehrten seiner Zeit in korrespondierender Beziehung stand, als Medizinprofessor in Breslau, dann erneut in Prag, wo seine akademische Tätigkeit jedoch auf Kosten seines zunehmenden politischen Engagements für die jungtschechische Bewegung nachließ.

Um 1800 konstituierten sich in Prag wichtige kulturelle Vereinigungen, vor allem 1796 die Gesellschaft vaterländischer Kunstfreunde (Společnost vlasteneckých přátel umění), 1799/1800 die Akademie der Bildenden Künste (Akademie výtvarných umění) und 1811 das Konservatorium für Musik (Konzervatorium pro hudbu). Zahlreiche tschechische Literaten der ersten Hälfte des 19. Jahrhunderts inspirierten sich an Motiven aus Volksüberlieferungen: František Ladislav Čelakovský und der in Prag lebende Slowake Pavel Josef Šafařík sammelten etwa Dichtungen slawischer Völker. Diese romantische Tätigkeit hat ihre Entsprechung in früheren oder zeitgleichen Editionen anderer Nationen, etwa in *Des Knaben Wunderhorn* oder in den Grimm'schen Märchen- und Sagensammlungen für das deutsche Sprachgebiet. Ihren literarischen Höhepunkt erlebte die tschechische Romantik im Schaffen des jung verstorbenen Dichters Karel Hynek Mácha (1810–1836); sein Hauptwerk, das Versepos *Máj*, vereinigt Motive der Liebe, der Natur und der Nation zu einer mystischen Gesamtheit. Der politisch engagierte Journalist und Schriftsteller Karel Havlíček Borovský gilt hingegen als Begründer der neuzeitlichen tschechischen Publizistik, Satireliteratur und Literaturkritik. Zur Rehabilitierung des Tschechischen als Theatersprache trug maßgeblich Josef Kajetán Tyl bei, der ab 1834 auch die Prager Kulturzeitschrift *Květy* [Blumen] redigierte. In seinem am 21. Dezember 1834 uraufgeführten Stück *Fidlovačka aneb: Žadný hněv a žadná rvačka* [Das Schusterfest, oder: Kein Ärger und keine Rauferei] erklang erstmals das von František Škroup in Melodie gesetzte Lied des blinden Bettlers Mareš, *Kde domov můj?* [Wo ist mein Heim?], das später zur tschechischen Nationalhymne avancierte.

## František Palacký

Die überragende Gestalt der „nationalen Wiedergeburt" war der seit 1823 in Prag ansässige Historiker, Politiker und Publizist František Palacký (1798–1876). Aufgrund seines frühen Interesses für Geschichte wurde ihm 1827 die Stelle eines Historiographen der böhmischen Stände übertragen. Während seine *Geschichte von Böhmen* ab 1833 in deutscher Sprache erschien, legte er ab 1848 in mehreren Bänden seine *Dějiny národa českého v Čechách a na Moravě* [Geschichte des tschechischen Volkes in Böhmen und in Mähren] auf Tschechisch vor. Im Unterschied zu späteren Vertretern der tschechischen Nationalbewegung, die sich für einen selbstständigen tschechischen Staat einsetzten, war der von vielen deutschen Zeitgenossen stark angefeindete Palacký Zeit seines Lebens ein Austroslavist, der lediglich innerhalb der Habsburger Monarchie eine größere Autonomie für die Tschechen gewährleistet sehen wollte. Sein Prager Zeitgenosse, der Theologe und Mathematiker Bernard Bolzano, träumte hingegen noch vom Bohemismus, einer Form des Landespatriotismus, die Deutsche und Tschechen gleichermaßen erfassen sollte, aber in der Realität dem nationalen Emanzipationsbedürfnis der meisten Tschechen nicht mehr gerecht werden konnte.

Fortschrittliche Gedanken drangen im frühen 19. Jahrhundert auch in die Prager Judenstadt vor. Es entbrannte ein Gegensatz zwischen aufgeklärten Reformjuden, die etwa für liturgische Neuerungen im Gottesdienst eintraten, und beharrlichen Reformgegnern. Gleichzeitig gerieten die Juden häufig zwischen die Fronten der sich langsam verschärfenden Beziehungen zwischen tschechischen und deutschen Stadtbewohnern. Vielfach wurden sie von der einen oder anderen Seite beschuldigt, sich mit der jeweiligen Gegenseite verbündet zu haben.

Der in Prag ansässige Historiker, Politiker und Publizist František Palacký. – Lithografie von Adolf Dauthage, 1855.

## Beginn der Industrialisierung

Zu der kulturellen Aufbruchstimmung, die Prag im frühen 19. Jahrhundert erfasste, fügte sich auch eine rasante wirtschaftliche Entwicklung im Zuge der industriellen Revolution hinzu. Hatten bereits im 18. Jahrhundert erste Manufakturbetriebe auf Prager Stadtgebiet gearbeitet, so entstanden nun größere Fabriken, in erster Linie Textilbetriebe, eine Papierfabrik in Bubeneč, eine Porzellanfabrik in Smíchov und schließlich Maschinenbaubetriebe. Diese Unternehmen benötigten für ihre Produktion in größerer Zahl Arbeitskräfte, die sich größtenteils aus ärmeren ländlichen Gegenden rekrutierten. In Prag bildete sich dadurch in der ersten Hälfte des 19. Jahrhunderts eine neue Bevölkerungsschicht heraus: die Industriearbeiter. Auch in der Lebensmittelproduktion waren diese tätig, etwa in einer der 46 Brauereien, die in Prag im Jahre 1846 Bier brauten, oder in Zuckerfabriken. Mit dem Anwachsen der Arbeiterschicht staute sich ein neues soziales Konfliktpotenzial an, das sich in den Jahren 1831, 1842 und 1844 in Streiks, Arbeitsniederlegungen und Maschinenstürmen entlud.

## Ein Maschinensturm

Als die Entlohnung der etwa 240 Kattundrucker in den Kattunfabriken Przibram und Porges in Smíchov für ein Kattunstück von 35 auf 24 Kreuzer gesenkt wurde, entlud sich die Wut der Arbeiter am 17. Juni 1844 gegen die Maschinen. Vermutlich hatten sie dazu Meldungen vom schlesischen Weberaufstand (3.–6. Juni 1844) in Langenbielau (Bielawa) und Peterswaldau (Pieszyce) inspiriert. Dazu schrieben die *Pražské noviny* am 23. Juni:
*Am 17. d. M. erhielt die Polizeibehörde Nachricht davon, dass die Arbeiter in den Kattunfabriken in Prag und Umgebung ihre Arbeit ruhen ließen, um so einen höheren Lohn zu erzwingen. Obgleich die Beamten unverzüglich angemessene Schritte zur Wiederherstellung des Friedens und der Ordnung unter den Aufwieglern einleiteten und dabei von der k.k. Armee mit größtem Eifer und Umsichtigkeit unterstützt wurden, gelang es den Arbeitern dennoch in einigen Kattunfabriken, die Maschinen zu zerstören, noch ehe dies verhindert werden konnte. Unter Anwendung des angezeigten Drucks durch das Militär und durch scharfe Verwarnungen gelang es bereits, die Übeltäter zu ermahnen, sogleich wieder ihre Arbeit aufzunehmen, ohne dass von Waffengewalt Gebrauch gemacht werden musste. Die gerichtliche Verfolgung dieses bedauerlichen Vorfalls hat begonnen, und die Schuldigen erwartet die gesetzesmäßige Bestrafung für ihr Tun.*

Die kapitalintensive Produktionsweise der neuen Betriebe förderte die Entstehung von Banken, Sparkassen und Versicherungen. Außerdem erforderte die Industrialisierung eine erneute Verbesserung des Verkehrs. Zur Aufrechterhaltung der öffentlichen Sicherheit zu nächtlicher Stunde wurde in den 1840er-Jahren eine Straßenbeleuchtung mit Gaslaternen geschaffen. Für die längst zu schmal und zu wenig belastbar gewordene Karlsbrücke mussten weitere Wege über die Moldau eingerichtet werden – den Anfang machte in den Jahren 1839–1841 die als Kettenbrücke gebaute Kaiser-Franzens-Brücke, vier weitere Brücken folgten. Zur Verbesserung der sanitären Verhältnisse wurden große Teile Prags kanalisiert, nachdem zuvor auch dort eine Choleraepidemie gewütet hatte.

Vor allem aber beschleunigten sich in der ersten Hälfte des 19. Jahrhunderts die Verkehrswege von und nach Prag. Das böhmische Verkehrswegenetz konzentrierte sich auf die Hauptstadt. Seit 1830 verkehrte vom Píseker Tor eine Pferdebahn nach der Industriestadt Kladno, ab 1831 von Dejvice aus in Richtung Lana (Lány). In den Jahren 1844–1845 entstand für die k.k. Staatsbahn Olmütz–Prag ein großer Bahnhof, der heutige Masaryk-Bahnhof. Ab 1851 verkehrten über die böhmische Metropole bereits Züge auf der Strecke Wien–Dresden. Damit war Prag an das rasch expandierende internationale Eisenbahnnetz in Mitteleuropa angeschlossen. Der Eisenbahnbau erforderte im Stadtgebiet einen starken Einsatz von Arbeitskräften.

Am Vorabend der Revolution von 1848 zählte Prag bereits über 110 000 Einwohner.

## Biedermeierliche Lebenswelten

*Die Bewohner Prags sind hinsichtlich der Stände viel strenger geschieden, als man dies in anderen Städten findet. Besonders ist der Bürgerstand vom Adel weit getrennt, und jeder Theil hat seine eigenen Gesellschaftskreise, so daß keiner mit dem andern in Berührung kommt, denn die Bälle einiger Adeligen, wo sich beide Stände trafen, haben längst aufgehört. Dem Mittelstande fehlt es an einem größeren Vereinigungspunkte und seine Gesellschaften beschränken sich auf kleinere Kreise, wo gespielt, getanzt oder auch musicirt wird. Der Adel dagegen hat die Ressource gegründet, ein schönes Lokal mit Spiel- und Lesezimmer und dergl.; auch finden bei ihm größere Bälle, besonders Maskenbälle statt, früher auch Karoussels, und in mehreren vornehmen Häusern, wie z. B. bei Graf Clam, gab es sogar Privattheater.*

*Im Winter versammeln sich die Familien aber meistens wieder in Prag und dann finden abwechselnd in den meisten vornehmen Häusern glänzende Gesellschaften und Bälle statt. Eine nur kleine Anzahl hoher Adeliger geht nach Wien, um in der Nähe des Hofs zu verweilen.*

(Eugen Huhn / W[ilhelm] Kleinknecht: Prag, Schweinfurt 1845)

## Slawenkongress und „Pfingstaufstand“

Wie in vielen anderen europäischen Großstädten überstürzten sich auch in Prag im Jahre 1848 die politischen Ereignisse, die daher hier nur kursorisch wiedergegeben werden können. Ihr gingen Jahrzehnte eines rigiden politischen Regimes der Habsburger Monarchie voraus, das durch Zensur und die Unterdrückung emanzipatorischer Bestrebungen die Zentralmacht Wiens um jeden Preis aufrechterhalten wollte. Am 11. März 1848 versammelten sich auf Einladung des Repeal-Clubs, einer nach irischem Vorbild geschaffenen radikal-liberalen Geheimorganisation, im St.-Wenzelsbad etwa 3000 Personen, die Forderungen nach sozialer und nationaler Gleichberechtigung artikulierten und Petitionen an den Kaiser formulierten. Deren negative Aufnahme in Wien radikalisierte die Situation: Der ab dem 10. April tagende Nationalausschuss vereinte zunächst noch tschechische und deutsche Prager, ehe sich Letztere am 19. April im Constitutionellen Verein organisierten, der auf der Einbindung der Tschechen in einen zu schaffenden gesamtdeutschen Staatsverband beharrte. Dies war nicht zuletzt auch eine Reaktion auf František Palackýs berühmten Brief an das Frankfurter Parlament, in dem er seine Absage einer Mitwirkung mit den Worten begründet hatte: *Ich bin ein Böhme slavischen Stammes, und habe ich mit all dem Wenigen, was ich besitze und was ich kann, mich dem Dienst meines Volkes ganz und für immer gewidmet. Dieses Volk ist zwar ein kleines, aber von jeher ein eigenthümliches und für sich bestehendes; seine Herrscher haben seit Jahrhunderten am deutschen Fürstenbunde Theil genommen, es selbst hat sich aber niemals zu diesem Volke gezählt, und ist auch von Andern im Ablauf aller Jahrhunderte niemals dazu gezählt worden.*

Am 1. Mai 1848 brach in Prag ein erster, vorwiegend sozial motivierter Aufruhr aus, der so genannte Maiaufstand, der von Staats wegen rasch niedergeschlagen wurde. Einen Monat später (2.–12. Juni 1848) tagte der Prager Slawenkongress mit Vertretern aller innerhalb der Habsburger Monarchie lebenden slawischen Nationen sowie polnischen Delegierten aus dem damals preußischen Posen (Poznań) und – als einzigem Russen

– dem Revolutionär und Anarchisten Michail Bakunin. Die Teilnehmer berieten in einer tschechisch-slowakischen, einer südslawischen und einer polnisch-ruthenischen Sektion über ihr wechselseitiges Verhältnisse sowie ihre Haltung zur Monarchie. Den Gesamtvorsitz führte František Palacký. In einer Petition an den Kaiser forderten die Teilnehmer die „freie, selbständige Entwickelung der Nationalität und die gleiche Behandlung mit unseren Staatsgenossen, den Deutschen und Magyaren" sowie die Umwandlung der Monarchie in einen „Föderativstaat" gleichrangiger Völker.

Noch ehe jedoch der Kongress seine Verhandlungen zu einem Abschluss gebracht hatte, entwickelte sich auf den Straßen Prags am 12. Juni eine explosive Situation. Sie ergab sich aus einer kleinen kritischen Kundgebung auf dem Rossmarkt, dem sich zunächst Mitglieder der Nationalgarde und Studenten anschlossen, dann auch Textilarbeiter, die aufgrund der billigen ausländischen Konkurrenz Lohneinbußen beklagten. Der sich daraus entwickelnde „Pfingstaufstand" radikaler Demokraten, denen

Barrikadenkämpfe auf dem Kleinen Ring in der Altstadt, Juni 1848. – Grafik von Bedřich Anděl, 1848. Nationalgalerie Prag.

sich auch Bakunin anschloss, währte bis zum 16./17. Juni. Fälschlicherweise wurde er später mit dem Slawenkongress in einen Kausalzusammenhang gestellt, obwohl sich etwa František Palacký ausdrücklich von den Revolutionären distanzierte und seine Treue zur Monarchie bekundete. Die blutige Niederwerfung des Pfingstaufstands vom 12. bis 17. Juni 1848 durch österreichisches Militär unter Feldmarschall Alfred Windischgrätz war in Mitteleuropa der erste militärische Sieg der Reaktion über die freiheitlichen Bestrebungen der Revolution.

## Antitschechische Stereotypen

Die in der Revolution von 1848 öffentlich vorgebrachten nationalen Emanzipationsbestrebungen vieler Tschechen stießen in zeitgenössischen deutschsprachigen Medien jedweder politischer Couleur auf Unverständnis und prägten ein lange fortlebendes negatives Tschechenbild. Symptomatisch ist dafür ein Text aus einer Münchner Zeitung, der just erschien, als die österreichischen Truppen den Prager Pfingstaufstand niederschlugen:

*Prag, 8. Juni. Der Deutsche, der in diesen Tagen Prag besucht, schnürt gewiß bald wieder sein Bündel und verläßt es. Die Stadt, sonst schön in ihrem traurigen Frieden, ist jetzt unheimlich über alle Begriffe, man möchte ebenso gern in Bucharest oder Kairo leben. So kurze Zeit hat unendlich viel gethan, die Stadt schreitet mit Sturmschritten der Verwilderung entgegen. Die asiatischen Uniformen, in welche sich alle Welt geworfen hat, sind wie ein Stück von Osten daher geschwemmter Barbarei, die böhmische Sprache, die jetzt auf den Gassen fast ausschließlich gesprochen wird, versetzt uns in Gedanken weit aus Deutschland hinaus. Die rohesten Spottlieder auf das Parlament, den deutschen Bund und die Deutschen sind an der Tagesordnung.*

(Aller-Neueste Nachrichten oder Münchener Neuigkeits-Kourier, 17. Juni 1848)

# Zwischen Monarchie und tschechischer Nation

## Brennpunkt nationaler Entwicklungen

Nach dem Scheitern der Revolution 1848 folgte für liberale und nationale Kräfte ein Rückschlag durch die neoabsolutistische Phase der Habsburger Monarchie. Die restriktiven Bestimmungen des Vormärz – Zensur, das weitgehende Verbot politischer Organisationen durch die Karlsbader Beschlüsse vom August 1819, aufgrund derer liberale und nationale Bestrebungen unterdrückt wurden – fanden nun abermals Anwendung. Sie entfremdeten auf lange Sicht große Teile der Bevölkerung von der Habsburger Monarchie und weckten Animositäten gegen sie. Doch trotz der politischen Unterdrückung verzeichnete das städtische Leben Prags bedeutende Veränderungen. So wurden die Juden von dem bisherigen Zwang, in Ghettos zu leben, befreit. Im Jahre 1850 wurde die bisherige Judenstadt zur Erinnerung an Joseph II. in Josephstadt umbenannt. Zahlreiche besser situierte Prager Juden, denen inzwischen auch die Niederlassung in anderen Stadtteilen gestattet war, zogen aus dem ehemaligen Ghetto in vornehmere Stadtteile um. Doch die Prager Juden gerieten immer wieder zwischen die Stühle der nationalen Auseinandersetzung, da ihnen tschechische Nationalisten heimliche „Deutschtümelei“, Deutschnationale wiederum unterstellten, mit den Tschechen gemeinsame Sache zu machen. Der Anteil der Juden an der Prager Stadtbevölkerung stieg von 1857 (7706) bis 1900 (18 986) durch Zuwanderung aus Galizien, der Bukowina und „Oberungarn“ (der späteren Slowakei) stark an; aufgrund der insgesamt in diesem Zeitraum enorm wachsenden Bevölkerung ging ihr Anteil an der Gesamtbevölkerung jedoch von 10,7 auf 9,4 Prozent zurück.

Aus dem tschechischsprachigen Umland Mittelböhmens zogen angesichts verbesserter Einkommensmöglichkeiten um die Mitte des 19. Jahrhunderts viele Menschen in die expandierende Hauptstadt zu. Um 1855 stellten die Tschechen bereits die Mehrheit der Stadtbevölkerung, nach den Kommunalwahlen vom 11. März 1861 auch im Magistrat. Tschechisch wurde endgültig zur städtischen Amtssprache. Von dieser Situation profitierte die tschechische Kultur in der zweiten Hälfte des 19. Jahrhunderts in Prag erheblich. Zahlreiche neue Theater und Vereinshäuser, wissenschaftliche Organisationen, Kultur-, Sozial-, Sport- und Gesellschaftsvereinigungen entstanden. Künstler wie Josef Mánes schufen nicht nur dekorative Gemälde, sondern entwarfen beispielsweise auch Vereinsfahnen und Abzeichen für Verbände.

## *Der Prager Frieden (1866)*

Das nationale Selbstbewusstsein der Tschechen erfuhr in der zweiten Hälfte des 19. Jahrhunderts nach dem preußisch-österreichischen Krieg von 1866, in dessen Verlauf sich zentrale Kampfhandlungen auf böhmischem Boden abspielten, einen erneuten Aufschwung. Nachdem die österreichischen Truppen am 3. Juli 1866 bei Königgrätz von einer preußischen Übermacht besiegt worden waren, marschierten preußische Soldaten auch in Prag ein. Auf dem Hradschin wurde am 23. August der Friede von Prag besiegelt, der unter anderem die Auflösung des Deutschen Bundes einleitete. Als sich im darauf folgenden Jahr 1867 die Habsburger Monarchie zur Doppelmonarchie Österreich-Ungarn föderalisierte, wurden die zuvor gehegten nationalen Hoffnungen vieler Tschechen, die einen „Trialismus" (unter Berücksichtigung der böhmischen Autonomie) anstelle des österreichisch-ungarischen „Dualismus" herbeigesehnt hatten, massiv enttäuscht. Die tschechische Haltung manifestierte sich im Prager Stadtbild an unterschiedlichen Stellen. Im Geist der Romantik bemühte man sich etwa, den stark verfallenen Vyšehrad wieder aufzuwerten. In den Jahren 1869–1870 wurden dort Neorenaissance-Arkaden erbaut, die an dem geschichtsträchtigen Ort den äußeren Rahmen für einen nationalen Ehrenfriedhof schufen.

## Vyšehrader Friedhof

Auf dem Friedhof am Vyšehrad (Vyšehradský hřbitov) sind seither etwa 600 herausragende Persönlichkeiten des tschechischen kulturellen und wissenschaftlichen Lebens beigesetzt worden. Die Idee hatte auch in diesem Fall František Palacký und der von ihm geleitete Verein Svatobor beigesteuert. Inmitten des Friedhofs entwarf der Prager Architekt Antonín Wiehl den „Slavín", ein 1889–1893 ausgeführtes Ehrengrab für besonders verdiente Menschen. Wiehls Kollege Josef Mocker, der auch den neugotischen Weiterbau des Veitsdoms unter Fortsetzung des Parlerschen Wandschemas leitete, gestaltete die an den Friedhof angrenzende Kollegialkirche St. Peter und Paul in den Jahren 1885–1887 dem Zeitgeschmack entsprechend um, später setzte ihr František Mikeš noch die markanten Doppeltürme vor, die seither das südliche Panorama Prags dominieren und den Vyšehrad als geschichtlich bedeutenden Ort kennzeichnen.

Das Grab von Božena Němcová auf dem Friedhof am Vyšehrad. Die Dichterin wurde vor allem durch ihren Roman *Babička* (Großmutter) berühmt, aus dem eine Szene am Sockel des Denkmals als Relief dargestellt wurde.

Zu den auf dem Friedhof bestatteten Persönlichkeiten zählten beispielsweise die Komponisten Bedřich Smetana und Antonín Dvořák, die Schriftsteller Božena Němcová, Karel Čapek und Jan Neruda, der Naturwissenschaftler Jan Evangelista Purkyně, die Bildhauer Josef Václav Myslbek, Ladislav Šaloun und der Maler Alfons Mucha.

Eines der augenfälligsten Gebäude im Prager Stadtbild und eines der symbolträchtigsten überhaupt im Böhmen des 19. Jahrhunderts ist das Nationaltheater (Národní divadlo). Die Idee zu seiner Errichtung wurde schon in den 1840er-Jahren lanciert, doch formte sich erst 1865 ein Theaterbauverein, dem führende Persönlichkeiten der tschechischen Nationalbewegung angehörten. Im ganzen Lande sammelten sie für den Bau eines repräsentativen Opern- und Theaterhauses Spenden; den Architektenwettbewerb gewann der Neorenaissance-Entwurf von Josef Zítek. In Gegenwart einer großen Menschenmenge wurden am 5. Mai 1868 Grundsteine von historisch bedeutsamen Orten aus verschiedenen Teilen des Landes gelegt: vom Berge Říp, von dem aus der Sage nach der „Urvater Čech" das Land besiedelt haben soll, von der Vítkov-Höhe, vom Vyšehrad und vom Blaník, einem mittelböhmischen Berg, in dem einer anderen Überlieferung nach schlafende Ritter auf die Wiederherstellung der Nation warteten. Ein Stein vom Radhošť in den mährischen Beskiden symbolisierte die Einheit von Böhmen und Mähren. Zum Baubeginn am 16. Mai 1868 kam die Oper *Dalibor* von Bedřich Smetana zur Uraufführung, und auch die provisorische Eröffnung in Anwesenheit des österreichischen Kronprinzen Rudolf erfolgte am 11. Juni 1881 mit einer Smetana-Oper, der *Libuše*. Zwei Monate später vernichtete ein aus Unachtsamkeit ausgebrochener Brand das neue Opernhaus, zu dessen Wiederaufbau unter der Leitung von Josef Schulz abermals Mittel in der Bevölkerung gesammelt wurden. Am 18. November 1883 wurde das prachtvoll ausgestattete Nationaltheater schließlich wieder in Betrieb genommen. Über der Bühne prangen die stolzen Worte „Národ sobě" [Die Nation sich selbst], die auf die Spendenfreudigkeit der vielen Unterstützer des Theaterbaus abheben.

Gleichzeitig gewann der erwähnte Josef Schulz die Ausschreibung für ein weiteres großes Repräsentativgebäude, das Nationalmuseum (Národní muzeum) auf dem Wenzelsplatz. Es war ursprünglich schon im Jahre 1818 aus einer Initiative aufgeklärter böhmischer Adeliger, allen voran des weltweit

Das Nationaltheater. – Grafik von Friedrich Ohmann, 1892.

anerkannten Paläontologen Caspar Maria Sternberg, entstanden, dem mit František Palacký ein weiterer wichtiger Unterstützer zur Seite stand. Das von ihm 1827 begründete und inzwischen als *Časopis Národního muzea* [Zeitschrift des Nationalmuseums] erscheinende Periodikum entwickelte sich zu einem zentralen tschechischsprachigen wissenschaftlichen Organ des 19. Jahrhunderts. Ursprünglich im Sternberg-Palais auf dem Hradschin untergebracht, befanden sich die ständig wachsenden Sammlungen zur Geologie, Ethnologie, Archäologie und Geschichte ab 1846 im Nostitz-Palais am Graben, bis 1876 der obere Abschluss des Wenzelsplatzes als neuer Standort ins Gespräch kam. Das zwischen 1885 und 1891 wie das Nationaltheater in Formen der Neorenaissance erbaute Museum, damals Museum des Königreichs Böhmen (Muzeum Království českého) genannt, umfasst neben den Ausstellungsräumen auch ein „Pantheon" für berühmte tschechische Persönlichkeiten.

Josef Zítek und Josef Schulz kooperierten beim Bau eines dritten Repräsentativbaus, des am Moldauufer gelegenen

Rudolfinums. Es entstand 1876–1884 als künstlerischer Veranstaltungsort mit mehreren Konzertsälen und einer großen Galerie für Ausstellungen. Seinen Namen erhielt es von seinem Schirmherrn, dem österreichischen Kronprinzen Rudolf. Im Rudolfinum befand sich zunächst auch das Kunstgewerbemuseum (Umělecko-průmyslové muzeum), für das Josef Schulz 1897–1899 einen eigenen Neubau am Rande der Josephstadt schuf.

### *Smetana und Dvořák*

Das zeitgenössische Musikschaffen produzierte in ausreichendem Maße Werke, um Häuser von der Größe des Nationaltheaters oder des Rudolfinums zu bespielen. Am bekanntesten sind aus jener Zeit die beiden mit Prag biografisch eng verknüpften Komponisten Bedřich Smetana und Antonín Dvořák. Smetana, der als junger Mann nach Prag gekommen und sich 1848 an der Revolution beteiligt hatte, war auf vielfältige Weise in das Vereins- und Musikleben der böhmischen Hauptstadt involviert. Er machte sich als Komponist von Opern sowie von sinfonischen Werken einen Namen. Die 1866 uraufgeführte Oper *Die verkaufte Braut* gehört ebenso zum klassischen Repertoire der tschechischen Musik wie sein sinfonischer Zyklus *Mein Vaterland* mit dem beliebten Satz *Die Moldau.* Smetanas Streben nach einer „Nationalmusik“ setzte dessen Kollege Dvořák fort. Er erlebte internationale Ehrungen, ehe er 1890 zum Professor des Prager Konservatoriums ernannt wurde. Ein zweijähriger Aufenthalt am National Conservatory of Music in New York schlug sich unter anderem in Dvořáks *Sinfonie Nr. 9 „Aus der neuen Welt“* und in seinem *Te Deum* nieder. Berühmt wurden auch seine kammermusikalischen Werke und die 1901 in Prag uraufgeführte spätromantische Oper *Rusalka* mit dem lyrischen *Gesang an den Mond.* Sowohl Smetana als auch Dvořák sind auf dem Vyšehrader Friedhof bestattet.

Nationales Bewusstsein manifestierte sich jedoch in Prag nicht nur in der Hochkultur, sondern zum Beispiel auf dem Gebiet des Sports. Am 16. Februar 1862 gründeten der Kaufmann Jindřich Fügner und der Kunstkritiker Miroslav Tyrš nach dem Vorbild deutscher Turnerverbände und nationaler Vereinigungen in Italien den tschechischen Verband „Sokol Pražský“ [Prager Falke], der eine demokratisch-nationale Ausrichtung vertrat. Für alle Arten von Sportveranstaltungen wurden Sportstadien errichtet. Ab 1882 fanden in Prag regelmäßige Landestreffen („slety“) des Sokol statt.

## *Die Vororte Prags*

Für die städtebauliche Entwicklung Prags im letzten Viertel des 19. Jahrhunderts erwies sich als vorteilhaft, dass im Jahre 1874 die mittelalterlichen Stadtmauern und die barocken und neuzeitlichen Festungsanlagen niedergelegt wurden. Dies förderte ein organisches Wachstum der Stadt über ihre bisherigen Grenzen hinaus. In diesem Zusammenhang lohnt ein Blick auf einige Vororte: Im südlichen Vorort Smíchov errichtete der Unternehmer Franz Ringhoffer im Jahre 1852 die Ringhoffer-Waggonbaufabrik, die später ein Teil seines aufstrebenden Industriekonzerns mit mehreren Betrieben wurde. In der Nachbarschaft entstand 1871 die große Brauerei Staropramen.

Auch im Norden und Nordwesten Prags erfolgten weit reichende Veränderungen: Der Vorort Karolinenthal (Karlín) war 1817 auf einem Gelände angelegt worden, das ursprünglich klösterliches Eigen gewesen war. Benannt wurde er nach Karoline Auguste von Bayern, der vierten Frau Kaiser Franz’ I. In diesem hochwassergefährdeten Stadtteil befanden sich Mietshäuser mit verhältnismäßig günstigen Wohnungen, in denen sich vor allem Angehörige der unteren sozialen Schichten niederließen. Zwei wichtige Bauprojekte in Karolinenthal waren 1846–1849 der lange Eisenbahnviadukt über die Moldau für die Strecke Prag–Dresden sowie 1854–1859 die neuromanische Kirche St. Kyrill und Method. Das 1883 eingemeindete Holešovice-Bubny erlebte ebenfalls im 19. Jahrhundert die Umwandlung von einem Dorf in einen Industrievorort mit Schlachthof, Markthalle, Hafen und Werft sowie einer großen Brauerei, während sich in Libeň (1901 ins Stadtgebiet eingegliedert) unter anderem Textil- und Maschinenbauunternehmen ansiedelten. Auf dem steil ansteigenden Gelände der Ortschaft Žižkov entstanden an engen Straßenfluchten zahlreiche Mietshäuser. An die gehobene Mittelschicht richtete sich hingegen das Wohnangebot des südlich angrenzenden Vororts Vinohrady (ursprünglich: Královské Vinohrady/Königliche Weinberge), der 1879 zu einer eigenen Stadt erhoben wurde. Dementsprechend verfügte er über eigene Kultureinrichtungen, Theater, Versammlungshäuser und die große, 1888–1893 nach Plänen von Josef Mocker erbaute St.-Ludmila-Kirche.

## Bürgerliches Wohnen

Der in Prag geborene Volkskundler Georg R. Schroubek (1922–2008) beschrieb die Struktur seines Elterhauses im Prager Vorort Smíchov folgendermaßen:

*Als Antwort auf die rapide Zunahme der Stadtbevölkerung und in deren Gefolge sich vollziehender sozialer Umformungsprozesse wuchsen [die gutbürgerlichen Mietshäuser] zu ganzen neuen Straßenzügen und sogar Vierteln zusammen. In ihrer typischsten Anordnung waren sie zu in etwa gleichseitigen Karrees gefügt, derart, dass in der Regel an jeder der vier Seiten zwei bis drei Häuser die Mittelstücke bildeten, die durch vier Eckhäuser dann zum geschlossenen Viereck zusammengefasst wurden. Im Innern des Karrees entstand so ein kleinerer oder größerer Innenhof, der seinerseits parzelliert und den angrenzenden Häusern anteilig zugeordnet war, gleichwohl aber doch ein übergreifendes Ganzes darstellte, akustisch und auch optisch, da schon von den Fenstern des Hochparterres aus die die einzelnen Hofanteile trennenden Mauern überschaut werden konnten. Die Wohnungen waren allesamt so angeordnet, dass das Wohnzimmer [...] und das Speisezimmer, gegebenenfalls auch das Schlafzimmer, an der Straßenseite lagen, während Küche und „Kabinett", einfenstrige kleinere Wohnräume, daneben mitunter die Dienstbotenkammer oder ein kleiner Vorratsraum („Speis") auf den Hof hinaus blickten. Badezimmer, Toilette, „Rumpelkammer" und allzu oft auch die Dienstmädchenbehausung mündeten in zusätzliche winzige und selbst an hellen Sommertagen düstere Luftschächte. Auch die großen Fenster der Stiegenhäuser gingen auf den Hof hinaus.*

Der Anteil der Deutschen an der Prager Stadtbevölkerung hatte 1860 noch etwa 20 Prozent betragen; in den folgenden 50 Jahren ging er auf unter sechs Prozent zurück. In absoluten Zahlen stieg ihre Zahl aber sogar leicht an: Um 1910 lebten 37 400 Personen in Prag, die sich zur deutschen Nationalität bekannten. In diesem Zeitraum hatte es in Prag starke Veränderungen gegeben. Auf der einen Seite hatten, wie oben angedeutet wurde, die tschechischen Stadtbürger ein neues Selbstvertrauen gewonnen, das sie fröhlich demonstrierten. Auf der anderen Seite machten sich auch bei den deutschen Bürgern, die in ihrer Gesamtheit zunächst liberal bis nationalliberal eingestellt waren, schließlich deutschnationale Tendenzen spürbar, die zu schweren Verwerfungen und Spannungen führten.

Nach längeren Verhandlungen wurde zum 28. Januar 1882 daher die Prager Universität auf Wunsch vieler tschechischer Repräsentanten nach Nationalitäten geteilt. Bis zum Beginn des Zweiten Weltkriegs existierte nun die k.k. böhmische Karl-Ferdinands-Universität zu Prag (Česká univerzita Karlo-Ferdinandova v Praze) und die k.k. deutsche Karl-Ferdinands-Universität zu Prag, kurz auch Deutsche Universität zu Prag genannt. Diese Teilung zog eine Reihe von technischen Schwierigkeiten nach sich, da viele neue Räumlichkeiten und Einrichtungen geschaffen werden mussten. Lediglich die Universitätskliniken, die Bibliothek und der Botanische Garten wurden von beiden Hochschulen gemeinsam genutzt. Nach einer Aufstellung aus dem Jahre 1890 zählte die Deutsche Universität vier Fakultäten mit insgesamt 146 Dozenten und 1483 Studierenden, die Tschechische Universität hingegen drei Fakultäten, 112 Dozenten, aber 2191 Studierende. In den folgenden beiden Jahrzehnten stiegen die Studentenzahlen der Tschechischen Universität – bei weitgehend gleich bleibender Ausstattung des Lehrkörpers – dramatisch an: 1910 betrug das Verhältnis der Studentenzahlen beider Hochschulen 7:3.

An beiden Universitäten wirkten vor dem Ersten Weltkrieg eine Reihe von namhaften Wissenschaftlern. In der Gesamtheit herrschte allerdings eine national aufgeladene Stimmung vor. Die Mehrheit der deutschen Studierenden kam gar nicht aus Prag selbst, sondern aus den deutschsprachigen Randgebieten Böhmens; unter ihnen gehörte es zum guten Ton, sich einer Studentenverbindung anzuschließen, von denen die meisten ein deutschnationales, vielfach antislawisches und antisemitisches Programm verfolgten.

Als weitere wichtige Wissenschaftsinstitution gründeten führende tschechische Gelehrte im Jahre 1890 die Böhmische Kaiser Franz Joseph-Akademie der Wissenschaften, Künste und Literatur in Prag (Česká akademie věd a umění).

## *Prager Jubiläumsausstellung 1891*

Wie schon einhundert Jahre zuvor gab Prag auch 1891 die Kulisse für eine große Gewerbeschau ab – mit ihrem Namen Landes-Jubiläumsausstellung knüpfte sie bewusst an die Vor-

Die neobarocke Front des zur Jubiläums-Landesausstellung 1891 errichteten Prager Ausstellungsgeländes in Holešovice-Bubny.

gängerin von 1791 an. Wiederum handelte es sich in erster Linie um eine Leistungsschau der Industrie in der Habsburger Monarchie, insbesondere in den Böhmischen Ländern. Zu diesem Anlass wurde im Stadtteil Holešovice das Prager Ausstellungsgelände (Výstaviště) angelegt. Sein zentraler Bestandteil ist der von dem Architekten Bedřich Münzberger und dem Ingenieur František Prášil entworfene neobarocke Gewerbepalast (Průmyslový palác), dessen Eisenkonstruktion ein Gewicht von etwa 800 Tonnen aufweist. Die kühne Eisenträgerkonstruktion war damals eine technische Neuerung. Der Gewerbepalast besitzt eine Gesamtlänge von 234 Metern, der Mittelbau erreicht eine Höhe von 51 Metern. Auf dem Ausstellungsgelände baute der für die technische Entwicklung Prags im ausgehenden 19. Jahrhundert sehr engagierte Ingenieur František Křižík eine große, elektrisch beleuchtbare Brunnenanlage mit komplizierten Wasserführungen, die nach ihm benannte Křižíkova fontána. Auf Anregung des Klubs tschechischer Touristen erhielt Prag mit dem Aussichtsturm auf dem Petřín, der dem Pariser Eiffelturm frei nachempfunden war, und der vom Újezd auf den Petřín führenden Standseilbahn eine weitere Attraktion.

Die Ausstellung zählte während ihrer Öffnungszeit etwa 2,5 Millionen Besucher, allerdings wurde sie von den meisten deutschböhmischen Besuchern und Industriellen boykottiert, die 1906 mit der Deutschböhmischen Ausstellung in Reichenberg (Liberec) eine eigene Leistungsschau veranstalteten. Lediglich der Großgrundbesitzer Karl Fürst Schwarzenberg – der Großvater des heutigen gleichnamigen tschechischen Außenministers –, der Maschinenbauunternehmer Karl von Ringhoffer und der Textilfabrikant Emil von Kubinzky beteiligten sich 1891 an der Prager Ausstellung.

Vier Jahre später folgte 1895 in Prag die Tschecho-slawische Ethnografische Ausstellung, welche die Lebendigkeit und Mannigfaltigkeit der tschechischen Volkskultur visualisieren sollte. Mehrere Wochen lang wechselten sich wissenschaftliche, künstlerische und folkloristische Darbietungen um ein „Dorf“ ab, das aus nachgebildeten Bauernhaustypen Böhmens und Mährens errichtet worden war.

## Die „Modernisierung“ der Stadt

Der Fortschrittsgeist, der die Ausstellungen von 1891 und 1895 beseelte, wirkte sich auch auf andere Aspekte des städtischen Lebens in Prag aus. Gegen Ende des 19. Jahrhunderts veränderten massive Eingriffe den Charakter von Teilen der Innenstadt. Insbesondere die Verhältnisse in der Josephstadt, in der häufig keine Kanalisation und keine geregelte Trinkwasserzufuhr existierten und deren alte, kleinteilige Strukturen und verwinkelte Gassen modernen Stadtplanern vor allem ein Dorn im Auge waren, führten zu eingreifenden Sanierungsmaßnahmen. Im Jahre 1887 war zunächst sogar empfohlen worden, die gesamte Judenstadt und große Teile der Alt- und der Neustadt einfach abzureißen und von Grund auf neu aufzubauen. Innerhalb der folgenden sechs Jahre wurde dieser radikale Plan jedoch modifiziert, und öffentliche Interventionen kunstinteressierter Prager Bürger sollten verhindern, dass allzu viele kulturhistorisch wertvolle Bauten für immer aus dem Stadtbild verschwanden. Dennoch blieben nach den 1895 begonnenen Abbrucharbeiten, die bis 1914 andauerten, vom Altbestand des Planungsgebiets kaum mehr als Synagogen und Kirchen erhalten. Selbst Jahrhunderte alte Bürgerhäuser am Altstädter Ring und in den umliegenden Gassen mussten der Stadterneuerung weichen. An ihrer Stelle entstanden neue Straßenzüge mit modernen, eleganten Miethäusern. Vom Altstädter Ring wurde die breite Niklasstraße durch die einstige Judenstadt bis zur Moldau hindurchgeführt, die 1926 zur Erinnerung an die französische Unterstützung der Tschechoslowakei in Pariser Straße umbenannt wurde. Ihre reich gegliederten Hausfassaden griffen Elemente des Historismus sowie der Sezession auf.

Ein Anzeichen einer durchgreifenden Modernisierung Prags waren Neuerungen im Verkehr und Transport. Als Streckenbahnhof der Franz-Josefs-Bahn von Wien nach Tetschen-Bodenbach (Děčín-Podmokly) existierte seit 1871 der Kaiser-Franz-Josefs-Bahnhof, dem 1901–1909 der Architekt Josef Fanta ein neues Gesicht im Stil der Sezession verlieh. Nach dem Ersten Weltkrieg erhielt er zu Ehren des US-Präsidenten Woodrow Wilson, der beim Zustandekommen der tschechoslowakischen Staatsgründung eine wichtige diplomatische Rolle gespielt hatte, den Namen Wilson-Bahnhof (Wilsonovo nádraží). Doch auch im innerstädtischen Verkehr zeichneten sich Veränderungen ab: Seit 1875 verkehrten Pferdebahnen in Prag, die um die Jahrhundertwende sukzessive durch elektrische Trambahnen ersetzt wurden. Die letzte Pferdebahn kursierte bis 1905

Verwinkelte Gässchen in der Josephstadt vor der Stadtsanierung der Jahrhundertwende, hier die Šamesova ulice. – Foto: Jindřich Eckert, 1895/96.

über die Karlsbrücke. Als individuelles Fortbewegungsmittel schätzten die Prager Bürger damals auch das Fahrrad. Schon ab 1881/82 waren übrigens in Prag erste Telefonapparate in Betrieb, während seit der Mitte des 19. Jahrhunderts das Telegraphenwesen eine erste Erleichterung in der schnellen Kommunikation gebracht hatte.

## Von der Sezession zum Expressionismus

Um die Wende vom 19. zum 20. Jahrhunderte prägte die Sezession mit ihren verspielten Formen und zum Teil überbordenden Dekorationen die Ästhetik in Prag. So entstand etwa in den Jahren 1903–1906 am Wenzelsplatz das von einer Architektengruppe entworfene Hotel Evropa mit einer prachtvollen Fassade und einem edel ausgestatteten Kaffeehaus im Erdgeschoss. Das prominenteste Beispiel der Sezession entstand an der Stelle des spätmittelalterlichen Königshofs, in unmittelbarer Nachbarschaft zum Pulverturm (Prašná brána). Dort wurde in den Jahren 1905–1911 nach einem Entwurf von Antonín Balšánek und Osvald Polívka das Repräsentationshaus der Hauptstadt Prag ausgeführt, das heutige Gemeindehaus (Obecní dům). Neben einem Café-Restaurant und mehreren kleineren Veranstaltungsräumen umfasst es einen großen Konzertraum, den Smetana-Saal. Weitere bedeutende Bauten im Sezessionsstil waren die 1907 begonnene Lucerna-Passage an der Nationalstraße sowie das Neue Rathaus (Nová radnice).

Eine prägende kulturelle Verbindung bestand in den Jahren vor dem Ersten Weltkrieg zwischen Prag und Paris. Auf dieser Schiene gelangten Einflüsse des Expressionismus nach Böhmen, sofern sie nicht auch über Deutschland vermittelt wurden. Für viele Künstler der böhmischen Hauptstadt wurden zwei große Ausstellungen richtungweisend. 1905 kam aus Paris der norwegische Künstler Edvard Munch persönlich nach Prag und zeigte dort eine große Retrospektive, die zur Bildung der Künstlergruppe „Osma“ [Die Acht] führte. 1910 stellten Vertreter des Pariser „Salon des Indépendants“ in Prag aus. In jenem Jahr kehrten aus Paris nicht nur der Bildhauer und Maler

Otto Gutfreund nach Prag zurück, sondern auch sein Künstlerkollege Bohumil Kubišta und der dank seiner Gemälde und Plakate (etwa für die Schauspielerin Sarah Bernhardt) damals bereits weltberühmte Künstler Alfons Mucha. Mucha, der sich 1912 dauerhaft auf Schloss Zbiroh in der Nähe von Prag etablierte, wirkte an der Ausstattung mehrerer öffentlicher Gebäude in Prag, unter anderem des Repräsentationshauses, mit und schuf den aus zwanzig monumentalen Einzelbildern bestehenden Zyklus *Slovanská epopej* [Slawisches Epos] zur slawischen und tschechischen Geschichte.

Eine Prager künstlerische Besonderheit bilden die zahlreichen Beispiele der kubistischen Architektur, die sich noch heute an vielen Orten der Stadt finden lassen. Zu ihnen zählt etwa das von Josef Gočár in den Jahren 1911–1912 realisierte Haus zur Schwarzen Muttergottes in der Zeltnergasse sowie eine Reihe von Villen und Miethäusern unterhalb des Vyšehrad-Burgbergs.

Das nationale Denken manifestierte sich wiederum in zwei großen Denkmalschöpfungen an prominenten Stellen. Der Bildhauer Josef Myslbek positionierte 1912–1913 auf dem Wenzelsplatz vor das Nationalmuseum auf einem hohen Sockel eine Reiterstatue des führenden Landespatrons St. Wenzel, die von vier Standfiguren der Heiligen Prokop, Ludmila, Agnes und Adalbert flankiert wird. Wie kein anderes Prager Monument erfreut sich das Wenzelsdenkmal, das den mittelalterlichen Herzog als entschlossenen Herrscher vorstellt, großer Popularität bei der Bevölkerung und bot im vergangenen Jahrhundert mehrfach den Mittelpunkt wichtiger gesellschaftlicher Ereignisse und Kundgebungen. Während damit am Wenzelsplatz die katholische Tradition der Landespatrone weiter verfolgt, aber zugleich mit einer neuen Sinngebung versehen wurde, stellte man am Altstädter Ring bewusst die hussitische Tradition Prags in den Mittelpunkt. Im Vorfeld des 500. Todestages des tschechischen Reformators Jan Hus wurde 1901 ein Künstlerwettbewerb ausgeschrieben, den der Bildhauer Ladislav Šaloun, der wichtigste Vertreter des Symbolismus in Prag, gewann. Bis 1914/15 zogen sich die Arbeiten an dem riesigen, expressiven Standbild hin, das den Prediger aufrecht

Das Denkmal für Jan Hus auf dem Altstädter Ring. – Ansichtskarte, um 1930.

stehend inmitten weiterer Figuren zeigt. Dazu zählt eine Gruppe protestantischer Emigranten, die nach der Schlacht auf dem Weißen Berg Böhmen verlassen musste, sowie eine Familie, in der Šaloun die Erneuerung der Nation aus eigener Kraft verkörpert sah.

## *Die Prager deutschsprachige Literatur*

In den Jahren vor dem Ausbruch des Ersten Weltkriegs war die Innenstadt Prags von einer spezifisch bürgerlichen Kultur geprägt. Man besuchte vor und nach der Arbeit das Kaffeehaus, um dort seine Zeitung zu lesen oder Bekannte zu treffen, abends boten Variétés, Theater und die ersten Kinos Abwechslung. Am kulturellen Leben hatten damals auch die Prager Deutschen und viele deutschsprachige Juden einen beträchtlichen Anteil. Nachdem am Ständetheater im 19. Jahrhundert zunächst tschechische und deutsche Aufführungen im täglichen

Wechsel gegeben worden waren und das Nationaltheater tschechischsprachig bespielt wurde, hatte 1883 ein Deutscher Theaterverein die Initiative für die Schaffung eines eigenen Schauspielhauses ergriffen. Auf diese Weise wurde im Jahre 1888 das bis 1938 betriebene Neue Deutsche Theater (NDT) erbaut, die heutige Staatsoper (Státní opera). Unweit des als tschechischer Versammlungsort kodierten Repräsentationshauses existierte am Graben das „Deutsche Casino“ oder „Deutsche Haus“ mit Restaurant und Versammlungsräumen. In einem gewissen Gegensatz zu dessen deutschnationaler Ausrichtung stand der Volksbildungsverein „Urania“, der einem demokratisch-liberalen Weltbild verpflichtet war.

Wichtige kulturelle Organe der Prager Deutschen waren schließlich auch zwei große Tageszeitungen, das für die sprachliche Qualität seiner Artikel und Kulturkritiken berühmte *Prager Tagblatt* (1876–1939) und die bereits seit dem Vormärz erscheinende *Bohemia* (1828–1938). Beide Blätter waren bekannt dafür, neben ihrem festen Stamm an Redakteuren auch namhafte Schriftsteller als freie Mitarbeiter zu engagieren. Im Prag wirkte etwa zwischen 1889 und 1905 Gustav Meyrink, ein österreichischer Autor mit esoterisch-phantastischen Vorlieben. Seinen auf die jüdische Legendenwelt Prags bezogenen Roman *Der Golem* publizierte er erst 1913, als er bereits in München ansässig war. Der in Prag geborene Rainer Maria Rilke, einer der wichtigsten Lyriker deutscher Sprache, verlebte an der Moldau lediglich seine Kindheit und frühe Jugend.

Die Prager deutschsprachige Literatur des frühen 20. Jahrhunderts wurde maßgeblich von Autoren mosaischer Religionszugehörigkeit geprägt. Ihren Kern bildete der „Prager Kreis“ um Max Brod, Franz Kafka und den Bibliothekar Felix Weltsch. Der expressionistische Autor Max Brod stand politisch dem Zionismus nahe und förderte zahlreiche Schriftsteller und Komponisten. Eine Sonderstellung innerhalb der Gruppe nimmt Franz Kafka ein, der als Jurist in der Arbeiter-Unfallversicherung arbeitete, daneben aber in seiner zu Lebzeiten größtenteils unveröffentlichten Kurzprosa und in Romanen die Bedrohungen des Individuums und die Ausweglosigkeit fremdbestimmten Handelns thematisierte.

Als Sohn einer jüdischen Tuchhändlerfamilie kam Egon Erwin Kisch zur Welt, der sich als Schriftsteller und Journalist einen Namen machte. In seinen Prager Jahren arbeitete der „rasende Reporter" unter anderem für die Tageszeitung *Bohemia*. Nach dem Ersten Weltkrieg engagierte er sich weltweit im politisch linksintellektuellen Milieu. Ähnlich wie Kisch war der expressionistische Schriftsteller Franz Werfel vor allem in seiner Jugend in Prag ansässig. Allerdings tauchten die Stadt Prag und Böhmen auch in späteren Werken Werfels immer wieder auf, etwa in seinem Roman *Barbara oder die Frömmigkeit* (1929). Johannes Urzidil, Sohn eines Deutschen und einer Tschechin, arbeitete als Schriftsteller, Kulturhistoriker und bis 1933 als Mitarbeiter der Deutschen Botschaft in Prag. Seine 1932 verfasste Studie *Goethe in Böhmen* gilt noch immer als unübertroffen.

### *Deutschnationale Strömungen*

Neben den genannten einvernehmlichen Tendenzen äußerten sich beim deutschen Bürgertum Prags vor 1914 auch starke deutschnationale Strömungen, die häufig von außen geschürt wurden. Beispielhaft darf hier die Ernennung des völkischen Benediktinermönchs Alban Schachleitner zum Abt des Prager Emausklosters (1908) genannt werden, der sich seit den 1920er-Jahren offen zum Nationalsozialismus bekannte und aus seiner Abneigung gegenüber den Tschechen keinen Hehl machte.

Manchmal genügte ein geringer Anlass auf der Straße, um Handgreiflichkeiten zu provozieren. So geschah es Anfang Oktober 1908, als ein deutscher Corpsstudent vor dem Deutschen Casino am Graben von einer Gruppe tschechischer Passanten angepöbelt wurde und sich dieser kleine Vorfall zu einer echten Straßenschlacht ausweitete. Die österreichischen Behörden verhängten daraufhin vom 2. bis 14. Oktober über Prag das Standrecht. Dem Zwischenfall war eine systematische Obstruktionspolitik der deutschen Abgeordneten im Böhmischen Landtag vorausgegangen, die während der Parlamentssitzung sogar demonstrativ das nationalistische Lied von der *Wacht am Rhein* angestimmt hatten.

## Tschechen und Deutsche

Mit bitterem Humor skizzierte Egon Erwin Kisch das Nebeneinander von Deutschen und Tschechen in Prag in seinem 1931 erschienenen Buch *Prager Pitaval*:

[...] *Mit der halben Million Tschechen der Stadt pflog der Deutsche keinen außergeschäftlichen Verkehr. Niemals zündete er sich mit einem Streichholz des Tschechischen Schulengründungs-Vereins eine Zigarette an, ebensowenig ein Tscheche die seinige mit einem Streichholz aus einem Schächtelchen des Deutschen Schulvereins. Kein Deutscher erschien jemals im tschechischen Bürgerklub, kein Tscheche im Deutschen Casino. Selbst die Instrumentalkonzerte waren einsprachig, einsprachig die Schwimmanstalten, die Parks, die Spielplätze, die meisten Restaurants, Kaffeehäuser und Geschäfte. Korso der Tschechen war die Ferdinandstraße, Korso der Deutschen „der Graben".* [...]

*Die deutsche und die tschechische Universität, die tschechische und die deutsche Technische Hochschule waren einander so fern, als wäre die eine am Nordpol, die andere am Südpol. Jeder von den hundert Lehrstühlen hatte sein Pendant auf der anderssprachigen Seite, aber es gab kein gemeinsames Gebäude, keine gemeinsame Sternwarte (die eine hatte die astronomischen Instrumente Tycho de Brahes, die andere die des Johannes Kepler geerbt), keine gemeinsame Fachbibliothek und keine gemeinsame Leichenkammer. Für den Botanischen Garten der einen Universität wurde vom Südsee-Archipel eine Pflanze bestellt, die man im Botanischen Garten der anderen Universität hätte blühen sehen können, wenn dies nicht eine Mauer verhindert hätte.* [...]

## Die letzten Tage habsburgischer Herrschaft

Der im Sommer 1914 ausgelöste Erste Weltkrieg bedeutete für die Prager Stadtbevölkerung nicht nur eine Zeit starker Entbehrungen. Die von der Kriegspropaganda gepriesene deutsch-österreichische Waffenbrüderschaft gegenüber den anderen europäischen Großmächten vertiefte die mentalen Gräben zwischen einzelnen Nationen der Habsburger Monarchie, obwohl ihre Angehörigen freiwillig oder unfreiwillig in einer gemeinsamen Armee Dienst leisteten. Schon die Mobilmachung der österreichischen Streitkräfte im Juli 1914 löste in Prag panikartige Hamsterkäufe aus. Zahlreiche Lebensmittel wurden in den folgenden Jahren rationiert oder durch Versatz mit Ersatzstoffen in ihrer Qualität gemindert. Zu den drastischen Kürzungen, die etwa 1917 zu Arbeiterunruhen und Hungerdemonstrationen Prager Frauen und Kinder führten, kam die moralische Ernüchterung: In den Augen zahlreicher tschechischer Politiker drohte im Falle eines deutsch-österreichischen Sieges eine weitere Stärkung des deutschen Elements in Mitteleuropa, die die Hoffnungen auf eine böhmische Autonomie endgültig zunichte gemacht hätte. Eine Reihe führender Persönlichkeiten, unter ihnen der Prager Soziologieprofessor Tomáš G. Masaryk und sein enger Mitarbeiter Edvard Beneš, gingen ins Exil und organisierten vom Ausland aus den politischen und militärischen „ausländischen Widerstand" gegen die Habsburger Monarchie. Ihr erklärtes Ziel war die Gründung eines selbstständigen Staates der Tschechen und Slowaken.

In Prag fanden im Frühsommer 1918 weitere Hungerdemonstrationen statt. Infolge der starken Beschränkungen und Rationierungen hatten sich zwischenzeitlich in Prag Krankheiten verbreitet. An einer Großkundgebung am 14. Oktober 1918, die sich gegen den Abzug von Lebensmitteln aus den Böhmischen Ländern in andere Teile der Monarchie wandte, beteiligte sich erstmalig auch der Prager Bürgermeister Karel Groš.

Der 1920 von dem anarchistischen Schriftsteller Jaroslav Hašek verfasste, aber unvollendet gebliebene Roman *Osudy dobrého vojáka Švejka za světové války* [Die Abenteuer des braven Soldaten Schwejk im Weltkrieg] thematisiert auf satirisch-überspitzte Weise das Verhalten eines tschechischen Soldaten während des Ersten Weltkriegs. Diese in Deutschland sehr populäre literarische Fiktion wurde später häufig missbraucht, indem das „schwejkische" Verhalten als „typisch tschechische" Charaktereigenschaft interpretiert wurde.

# Hauptstadt der Tschechoslowakei 1918–1939

## Ein Staat entsteht – die Stadt wächst

In der amerikanischen Hauptstadt Washington DC proklamierte am 18. Oktober 1918 Tomáš G. Masaryk die tschechoslowakische Eigenstaatlichkeit. In Prag, wo seit dem Sommer regelmäßig Demonstrationen gegen die Habsburger stattfanden, rief daraufhin am 28. Oktober 1918 das im Repräsentationshaus tagende tschechische Nationalkomitee die Selbstständigkeit der Tschechoslowakischen Republik (Československá republika, ČSR) aus, zu der sich am 30. Oktober auch das in Turčiansky Svätý Martin tagende Slowakische Nationalkomitee bekannte. Am 14. November wurde Tomáš G. Masaryk zum Staatspräsidenten gewählt.

### Am 28. Oktober 1918 auf Prags Straßen

> [...] *Wenzelsplatz, Graben und Altstädter Ring waren schwarz von Menschen. Um das Hus-Denkmal, auf dem eine zeitlang eine Militärkapelle tschechische Nationallieder und die Marseillaise spielte, und vor dem Wenzelsmonument, wo ein Redner den anderen ablöste, wurde das Gedränge stellenweise gefährlich und die elektrischen Straßenbahnwagen (die gleichfalls fahnengeschmückt waren und zauberhaft rasch gedruckte Zettel: „Es lebe Wilson!" trugen) konnten nicht passieren. Die slawische Linde vor der „Goldenen Gans" gleicht einem Flaggenbaum, von ihrem obersten Ast flattert das amerikanische Sternenbanner. Alle tschechischen Geschäfte, Banken und Cafés haben blau-weiß-rot dekoriert. Vom Balkon der Bohemiabank auf dem Graben glänzt die Fackel der amerikanischen Freiheitsstatue. Militär gabs nur episodenweise, die aufgepflanzten Bajonette magyarischer Infanteristen verschwanden bald vom Wenzelsplatz und Ring.* [...]
>
> *Der Enthusiasmus dauerte bis in den späten Abend hinein unvermindert an. Lieder und Reden auf allen Straßen. Zu ernsten Zu-*

*sammenstößen ist es, so weit wir wissen, nicht gekommen. Kokarden und Firmentafeln sowie die von allen Aemtern und Läden der Hoflieferanten entfernten Doppeladler waren die einzigen Opfer ...* (Prager Tagblatt, 29. Oktober 1918)

Der politische Umbruch erfolgte ohne Gewaltanwendung und unter großer Anteilnahme der Bevölkerung. Die aus beiden Nationalkomitees gebildete vorläufige Revolutionäre Nationalversammlung proklamierte am 14. November 1918 in Prag das Ende der Habsburger Herrschaft über Tschechen und Slowaken und legte die Republik als Staatsform fest. Prag wurde zur Hauptstadt dieses neuen Staates. Nach der Begründung der Republik wurden zahlreiche Symbole der Monarchie beseitigt. Unter ihnen befand sich das Standbild des Marschalls Radetzky auf dem Kleinseitner Ring, das Denkmal Kaiser Franz' I. und weiterer Herrscher, vor allem aber die als Inbegriff der von den Habsburgern betriebenen katholischen Gegenreformation emp-

Demonstration anlässlich der Gründung der Tschechoslowakei am Ufer der Moldau, im Hintergrund der Hradschin mit dem Veitsdom, 28. Oktober 1918.

fundene Mariensäule auf dem Altstädter Ring, die von einer aufgebrachten Menge am 3. November 1918 geschleift wurde.

Durch die Eingemeindung von 37 bisher selbstständigen Dörfern und Städten wurde zum 1. Januar 1922 die Verwaltungseinheit Groß-Prag (Velká Praha) geschaffen. Dies entsprach einer gesamteuropäischen Tendenz, städtische Ballungsräume zu vereinheitlichen, wie es etwa auch 1920 im Deutschen Reich durch die Errichtung von Groß-Berlin geschah.

## Die Großstadt und ihre neuen Vororte

Der Schriftsteller Karel Čapek (1890–1938) steuerte zu diesem Ereignis eine Glosse bei, in der er sich spielerisch mit den Namen einiger Stadtteile auseinandersetze. In Klammern sind zum Verständnis die zugrunde liegenden tschechischen Vokabeln angegeben: *Dem alten, braven, kleinstädtischen Prag ist eine Peripherie zugewachsen, so etwas wie ein Dschungel, der noch der Erforschung harrt: erst aus dem amtlichen Verzeichnis der neuen Stadtviertel erfahren wir von Lokalitäten, deren bloßer Name einem Altprager eine Gänsehaut verursacht. Sicher ist an Strašnice etwas schrecklich* [strašný = schrecklich], *und Böses verheißt auch der Name des ansonsten ruhigen Zlíchov* [zlý = böse]*; zur Zeit der Teuerung hat der Name Dejvice* [dej více = gib mehr] *einen unangenehmen Klang, und nicht gerade einladend ist zum Beispiel der Name Podbaba* [Unterm alten Weib]. *Gefällige, erfreuliche Namen wie Veleslavín* [veleslavný = hochberühmt], *Libeň* [libý = gefällig], *Liboc* [libocit = Wohlgefühl] *und Smíchov* [smích = Lachen] *bilden eine verschwindende Minderheit; das scheußliche Nusle* [hnus = Ekel], *das kriegerische Prosek* [prosekat = durchbrechen] *und Bráník* [bránit = verteidigen], *das mörderische Hrdlořezy* [Halsabschneider] *und das kannibalische Hostivař* [host = Gast, vařit = kochen] *– das ist das neue Prag, zu dem auch Břevnov* [břevno = Balken] *gehört – der „Balken in deinem Auge"; auf eine seltene Tierart deutet der Name Kobylisy hin* [kobyla = Stute, lis = Presse], *und an die Ausdehnung der neuen Stadt, in der wir uns nicht mehr auskennen, erinnert der Name Záběhlice* [zaběhnout = sich verlaufen], *Lebensgefährliches verheißt der Name Krč* [krčit se = sich ducken], *und Motol bedeutet sicher nichts Besseres als motolice* [Schwindelgefühl], *denn schwindlig wird uns in unserer riesigen, neugeborenen Großstadt.*

## Pulsierendes Zentrum einer aufstrebenden Nation

In den 1920er-Jahren präsentierte sich Prag als pulsierender Mittelpunkt der wirtschaftlich prosperierenden und politisch weltweit geachteten Tschechoslowakischen Republik. Der neue Staat mit seinem vergleichsweise liberalen Klima inspirierte einheimische und auswärtige Künstler und schuf eine für verschiedene Strömungen der künstlerischen Avantgarde offene Atmosphäre. Prag entwickelte sich in künstlerisch-intellektueller Hinsicht zu einer Weltstadt. Hier traf sich ein Kreis von Intellektuellen um den russischen Emigranten Roman Jakobson, der sich insbesondere mit sprachwissenschaftlichen und philosophischen Fragen befasste. Dieser Prager linguistische Zirkel fand in dem tschechischen Wissenschaftler Jan Mukařovský seinen wichtigsten inländischen Vertreter. Im Herbst 1921 ließen sich ukrainische Intellektuelle, deren Anlaufstelle zunächst Wien gewesen war, in Prag nieder und errichteten dort mit Unterstützung von Staatspräsident Masaryk die Ukrainische Freie Universität, die eine geistige Stätte des ukrainischen Exils wurde.

Briefmarke aus der ersten Serie der tschechoslowakischen Post vom 27. Februar 1919 nach einem Entwurf von Alfons Mucha. Die Prager Burg war für Mucha der Ort der tschechischen Geschichte schlechthin.

Inspiriert von Gedanken aus dem Umfeld der Arbeiterpoesie fanden sich 1920 zahlreiche politisch links orientierte tschechische Kulturschaffende in der Künstlergruppe Devětsil [Pestwurz] zusammen. Unter ihnen waren, um nur einige der wichtigsten Namen zu nennen, der Grafiker Adolf Hoffmeister, der Dichter und spätere Literaturnobelpreisträger Jaroslav Seifert, sein Kollege Vítězslav Nezval sowie die Multitalente Karel Teige und Jindřich Štyrský. In dieser Gruppe wurde das theoretische Konzept des Poetismus geprägt, einer Kunstrichtung, die – beeinflusst vom Surrealismus und vom Konstruktivismus

– von einer positiven, lyrisch-poetischen Durchdringung der Welt ausging und für die Überwindung scharfer Grenzen zwischen den einzelnen Kunstsparten eintrat.

Aus diesem Grundgedanken heraus entwickelte sich Prag in den 1920er-Jahren zu einem renommierten Standort des Avantgardetheaters. Bekannt war etwa das im Jahre 1926 gegründete Osvobozené divadlo [Befreite Theater], an dem sich dadaistische mit poetistischen Elementen verbanden. Hier trat das bekannte Schauspielerduo „V&W" – Jiří Voskovec und Jan Werich – auf, deren Revuen vielfach die vom Jazz beeinflusste Musik von Jaroslav Ježek begleitete. Ab 1932 kritisierte die Truppe in ihren Aufführungen offen den Nationalsozialismus in Deutschland. Die antifaschistischen Stücke *Kat a blázen* [Der Henker und der Narr] (1934), *Svět za mřížemi* [Die Welt hinter Gittern] und *Pěst na oko* [Die Faust ins Auge] provozierten diplomatische Proteste der deutschen

Im 19./20. Jahrhundert vollendete sich die berühmte Brückenlandschaft Prags. Hier der Blick von der Letná-Höhe – von vorne: Mánes-Brücke (1911–14 als Franz-Ferdinand-Brücke); Karlsbrücke; Brücke der Legionen (1899–1901 als Franz-I.-Brücke); Alois-Jirásek-Brücke (1929–33); Palacký-Brücke (1876–78). Rechts im Hintergrund die Schornsteine der Industrieanlagen von Smíchov. – Ansichtskarte, um 1935.

Botschaft. 1938 wurde das Theater geschlossen, und die Schauspieler emigrierten in die USA. Vom Osvobozené divadlo hatte sich mit Emil František Burian bereits frühzeitig ein weiterer bekannter Regisseur getrennt. Er gründete 1927 das Divadlo Da-Da [Da-Da-Theater] und schließlich 1933 das Theater D34.

Andere moderne Ausdrucksformen wählten der – später im KZ Bergen-Belsen ermordete – Maler und Illustrator Josef Čapek und sein jüngerer Bruder, der Schriftsteller Karel Čapek, dessen Werk von einem in hohem Maße ethischen Verständnis des menschlichen Handelns durchdrungen ist. Čapek warnte in seinen Reiseberichten, seiner Kleinprosa, seinen Romanen und Dramen vor den Gefahren einer ungehinderten technischen Entwicklung, vor den Entfremdungen moderner Arbeits- und Abhängigkeitsverhältnisse und auch schon vor der Zerstörung der menschlichen Umwelt. In seinem 1922 entstandenen Theaterstück *R.U.R. (Rossum's Universal Robots)* findet sich erstmalig das Wort „Roboter“; sein Roman *Válka s mloky* [Der Krieg mit den Molchen] (1936) ist eine eindringliche Parabel auf das Zusammenleben der Nationen am Vorabend des Zweiten Weltkriegs.

### *Prags Entwicklung zur Architekturmetropole*

Bei Bauvorhaben der Zwischenkriegszeit traten der Staat, die Stadt, Wirtschaftsunternehmen und Privatpersonen als Auftraggeber auf. Staatspräsident Tomáš G. Masaryk beauftragte beispielsweise den seit 1910 in Prag lebenden, in Wien ausgebildeten slowenischen Architekten Jože Plečnik im Jahre 1920 mit Modernisierungsmaßnahmen an der Prager Burg. Mit Plečniks Hilfe wollte Masaryk die einstige Burg der Herzöge, Könige und Kaiser zum Amtssitz für das Oberhaupt eines demokratischen Staates umgestalten. Daneben entwarf Plečnik auch die zwischen 1921 und 1932 ausgeführte Herz-Jesu-Kirche in Vinohrady. In den ersten Jahren des neuen Staates entwickelte sich als vorübergehendes Experiment, einen tschechoslowakischen „Nationalstil“ zu kreieren, der so genannte Rondokubismus; er sollte die eckigen Strukturen des reinen Kubismus durch Rundungen ersetzen. Die einstige Legiobank (heute ČSOB) an der Straße Na Poříčí, 1921–1923 von Josef Gočár erbaut, bildet dafür das beste Beispiel. Der bereits erwähnte Otto Gutfreund schuf an diesem Haus einen durchgehenden Fries mit Darstellungen tschechischer Legionäre. Auch das einstige Versicherungsgebäude des Adria-Palais, ein Gemeinschaftswerk tschechischer und deutscher Architekten, ist in diesem Kontext zu erwähnen.

Eine bewusste Abkehr von dekorativer Überfrachtung suchten hingegen die Baumeister des Konstruktivismus und des Funktionalismus. Der österreichische Architekt Adolf Loos entwarf 1929–1930 die Müller-Villa für den tschechischen Bauunternehmer František Müller in Střešovice. Die städtischen Behörden hatten aufgrund der versetzt angeordneten Etagen zunächst die Baugenehmigung verweigert, da sie Schwierigkeiten hatten, die Geschosszahl zu ermitteln. Für den Funktionalismus, der Prags Ruf als Architekturmetropole begründete, steht etwa der heute als Galerie moderner Kunst genutzte, sechs Etagen hohe Messepalast, der in den Jahren 1925–1928 nach Plänen von Josef Fuchs und Oldřich Tyl erbaut wurde. Weitere wichtige Beispiele bilden das Gebäude der Elektrischen Betriebe (1927–1935) und das Schuh-Kaufhaus Baťa (1927–1929) am Wenzelsplatz. Bei den 1931 in Betrieb genommenen Filmstudios Barrandov im Prager Süden entstand ein ebenfalls bewusst modern gehaltenes, bei den Pragern als Ausflugsrestaurant beliebtes Terrassenlokal.

Nach dem Vorbild vorausgegangener Werkbund-Siedlungsausstellungen in Stuttgart (Weißenhofsiedlung, 1927), Breslau (WuWA, 1929) und Wien (Siedlung Lainz, 1932), aber auch der tschechoslowakischen Ausstellung *Nový dům* [Das neue Haus] in Brünn (Brno, 1932) wurde im September 1932 im Prager Stadtbezirk Dejvice eine Bauausstellung des Tschechoslowakischen Werkbunds eröffnet. Die Ausstellungskolonie auf der „Baba" umfasste 34 Einzelhäuser, die an einem Südhang über der Moldau, mit Panorama auf die Nordseite des Hradschin, nach einem Generalplan von Pavel Janák vor allem von jüngeren einheimischen Architekten erbaut wurden. Die bauliche Modernisierung und Erweiterung Prags wurde von dem

Der funktionalistische Messepalast.– Fotografie, um 1930.

zwischen 1918 und 1937 amtierenden Primator (Oberbürgermeister) Karel Baxa stark gefördert.

Kennzeichnend für die Zwischenkriegszeit war ein Pluralismus unterschiedlichster politischer Richtungen und kultureller Strömungen. In das Jahr 1928 fällt etwa der Baubeginn für das Denkmal der Nationalen Befreiung auf dem Vítkov-Hügel, das den tschechischen und slowakischen Legionären gewidmet sein sollte, die während des Ersten Weltkriegs unter russischen, französischen und italienischen Fahnen gekämpft hatten. Während dieses – vor 1939 nicht fertig gestellte – Denkmal schon aufgrund seines Ortes an die „hussitische" Tradition anknüpfte, war der Katholikentag in Prag 1929 zum Millennium des heiligen Wenzels eine wichtige katholische Veranstaltung, bei der versucht wurde, eine Integration von tschechischen und deutschen Katholiken in der ČSR zu erzielen. Zu diesem Jahrestag wurde auch die neugotische Vollendung des Prager Veitsdoms abgeschlossen.

Im Jahre 1923 ging der Prager Rundfunk auf Sendung, und im selben Jahr eröffnete mit einem von der staatlichen Fluggesellschaft ČSA bedienten Direktflug nach Bratislava der erste Flughafen Prags in Kbely. Überhaupt wurde der städtische Verkehr der zunehmend expandierenden Stadt gerecht: Ab dem Jahre 1925 kursierten in Prag Autobusse, deren Linien das bereits relativ dichte Straßenbahnnetz ergänzten. Bis zum Ende

Zwischen 1927 und 1931 erschien in Prag unter der Redaktion von Karel Teige das Avantgarde-Periodikum *ReD (Revue Svazu moderní kultury „Devětsil“:* Revue des Bundes für moderne Kultur „Devětsil“). Heft 7 (1928) befasste sich mit dem *Osvobozené divadlo* (Befreiten Theater) und zeigte eine Titelcollage von Jaroslav Rössler.

der 1920er-Jahre deckten die Prager Straßenbahnen eine Gesamtstrecke von etwa 100 Kilometern Länge ab. Der wachsenden Zahl von Automobilen entsprach die Schaffung geeigneter Straßen. Schon knapp zehn Jahre später führte das gesteigerte Verkehrsaufkommen zu ersten Überlegungen für den Bau einer Untergrundbahn, die angesichts knapper Kassen nicht verwirklicht werden konnten. Denn die Weltwirtschaftskrise von 1929 traf in den 1930er-Jahren auch die bisher ökonomisch stabile Tschechoslowakei. Dennoch konnte noch 1937 im Vorort Ruzyně ein internationaler Flughafen in Betrieb genommen und das bekannte Kaufhaus Bílá Labuť [Weißer Schwan] eröffnet werden. Prag hatte vor dem Beginn des Zweiten Weltkriegs die Schwelle zur Millionenstadt überschritten.

Die überragende Integrationsfigur der ersten Tschechoslowakischen Republik war ohne Zweifel Tomáš G. Masaryk. Als er am 19. Dezember 1935 aus Altersgründen auf die weitere Ausübung des Staatspräsidentenamtes verzichtete, folgte ihm sein langjähriger Mitstreiter, der bisherige Außenminister Edvard Beneš, ein international erfahrener und geschätzter Diplomat, nach. Masaryk verstarb am 14. September 1937 auf seinem Alterssitz in Lány. Die öffentlichen Trauerfeierlichkeiten in Prag am 21. September gestalteten sich als ein machtvolles Bekenntnis der Prager Bevölkerung zu dem liebevoll „tatíček“ [Väterchen] oder kurz „TGM“ titulierten Gründerpräsidenten und zur Republik, damals einem der letzten demokratischen Staaten in Mitteleuropa.

## Exilanten in Prag

Prag war in den 1930er-Jahren das Zentrum eines Staates, der sich in vielen Teilen der Erde ein hohes Ansehen erworben hatte, aber von großen Teilen nicht nur der deutschsprachigen Bevölkerung im Lande, sondern auch der österreichischen und der deutschen Öffentlichkeit abgelehnt wurde. Die demokratische Haltung vieler tschechischer Politiker ermöglichte, dass nach der nationalsozialistischen Machtübernahme im Deutschen Reich 1933 und der Errichtung des Ständestaats in

Österreich 1934 Prag zu einer wichtigen Anlaufstelle für antifaschistische Emigranten aus beiden Ländern, vor allem für Personen und Gruppen aus dem politisch linken Spektrum, wurde. Zwischen 1933 und 1939 hatte der Exilvorstand der SPD in Prag seinen Sitz; die Partei nannte sich dort Sopade und brachte in regelmäßiger Folge Stimmungsberichte aus dem Deutschen Reich heraus. Die von Franz Carl Weiskopf redigierte avantgardistische *Arbeiter Illustrierte Zeitung* (AIZ) erschien zwischen 1933 und 1938 in Prag, ebenso wie die *Weltbühne.* Antifaschistische Schriftsteller wie Oskar Maria Graf und Bertold Brecht genossen zeitweise das Gastrecht der Stadt Prag. Im Oktober 1934 entstand in Prag sogar ein Bert-Brecht-Club als Schutzeinrichtung für linke deutschsprachige Exilautoren. Zwischen 1933 und 1935 lebte auch der Autor Stefan Heym in Prag, der aus dem schlesischen Hirschberg (Jelenia Góra) zu Fuß über das Riesengebirge nach Spindlermühl (Špindlerův mlýn) geflohen war.

Die Deutsche Botschaft und die sudetendeutsche Bewegung um Konrad Henlein, die sich in den 1930er-Jahren anschickte, auch unter den Prager Deutschen die stimmenstärkste politische Kraft zu werden, beobachteten die Aktivitäten der Exilgemeinde in der tschechoslowakischen Hauptstadt mit Argusaugen und intervenierten dagegen bei der tschechoslowakischen Regierung. Das geschah etwa, als sich der Montagekünstler John Heartfield 1934 an einer Karikaturenausstellung im tschechoslowakischen Künstlerclub Mánes beteiligte; Heartfield kehrte daraufhin Prag den Rücken und emigrierte weiter nach Paris, von dort aus später in die USA.

Im Jahre 1933 gelangte auch der österreichische Maler Oskar Kokoschka nach Prag. Er lernte dort seine spätere Frau Olda Palkovská kennen, mit der er 1938 nach London ins nächste Exil ging. Im Jahre 1935 erhielt er den offiziellen Auftrag, den tschechoslowakischen Staatspräsidenten Tomáš G. Masaryk zu porträtieren; Kokoschka bildete auf seinem Gemälde nicht nur den greisen Politiker, sondern in dessen Hintergrund auch den frühneuzeitlichen tschechischen Pädagogen Jan Amos Komenský (Comenius) ab, auf dessen Philosophie sich die ČSR und insbesondere Masaryk gerne berief. Der nach dem Künstler benannte, 1937 in Prag ins Leben gerufene Oskar-Kokoschka-Bund verstand sich als Exilorganisation deutschsprachiger Künstler, die der Verfemung „entarteter“ Künstler durch die NSDAP im Deutschen Reich eine aufrechte Haltung entgegensetzen wollte.

## Rechte und Pflichten von Emigranten

In der tschechischen Volkszeitung (Lidové noviny) war am 7. Oktober 1937 zu lesen:

*Wird der Sohn von Thomas Mann tschechoslowakischer Soldat?*
*Die Bergstadt Proseč machte vor einiger Zeit mit einer bemerkenswerten Tat auf sich aufmerksam. Sie entschied sich einmütig dazu, dem berühmten deutschen Schriftsteller Heinrich Mann das Heimatrecht zu verleihen. Später erhielt es auch dessen Neffe Klaus Mann und schließlich auch der Nobelpreisträger Thomas Mann, der Vater von Klaus Mann, verliehen. Die bekannte Mann-Familie beschloss, diesen Akt angemessen zu würdigen, indem sie der bis dahin weitgehend unbekannten Stadt Proseč einige Manuskripte bekannter Werke überließ. Thomas Mann fuhr anlässlich seines Prag-Besuchs auch nach Proseč, wo er in Ehren empfangen wurde. Die Manns wurden Bürger des tschechoslowakischen Staates und haben ihm gegenüber heute auch ihre Verpflichtungen. Vor allem der junge Klaus Mann erhielt dieser Tage seinen Musterungsbescheid. Es ist daher nicht ausgeschlossen, dass er Soldat in der tschechoslowakischen Armee wird.*

# Unter deutscher Besatzung

## Hauptstadt des Reichsprotektorats Böhmen und Mähren

Im Umfeld des Münchner Abkommens, das mit Billigung Frankreichs, Englands und Italiens dem Deutschen Reich im Oktober 1938 die Annexion weiter Territorien im Grenzland der ČSR – insgesamt etwa ein Drittel des Staatsgebiets – gestattete, wurde Prag erneut mit einem massiven Zustrom von Flüchtlingen aus den betroffenen Gebieten konfrontiert. Unter ihnen waren Tschechen, die das Joch der deutschen Behörden fürchteten, aber auch Juden und deutsche Gegner der Sudeten-

Entrüstete Passanten in den Straßen Prags beim Einmarsch der deutschen Truppen, 15. März 1939. – Französisches Pressefoto.

deutschen Partei bzw. der NSDAP. Edvard Beneš demissionierte am 5. Oktober 1938 und ging nach London, wo er eine tschechoslowakische Exilregierung aufbaute. Sein Nachfolger in Prag wurde Emil Hácha, den sich Adolf Hitler im März 1939 mit der erpresserischen Drohung, Prag dem Erdboden gleichzumachen, falls er nicht auf die deutschen Bedingungen eingehe, gefügig machte.

## Der deutsche Einmarsch

> Ein niederländischer Prag-Korrespondent erlebte den deutschen Einmarsch in Prag am 15. März 1939:
> *Um ungefähr halb 11 Uhr sind deutsche motorisierte Truppen im Stadtzentrum Prags angekommen. Autos mit Soldaten, die ihr Gewehr bereithielten, fuhren mit hoher Geschwindigkeit durch den Graben, später auch über den Wenzelsplatz. Deutsche Studenten in Ordneruniformen erwiesen ihnen den Hitlergruss. Die tschechischen Passanten haben gewiss zum Teil nobel geschwiegen, doch vom Publikum an der Kreuzung der beiden o. g. Verkehrswege und auch anderswo lässt sich sagen, dass es empört geschrieen hat. Man ballte die Fäuste und pfiff. Zweimal stimmte man hier ein tschechisches Volkslied an, das von den meisten wütend dreinblickenden Zuschauern mitgesungen wurde.*
> *Die Tschechische Polizei verhielt sich vorschriftsmäßig. Sie hielt die Straßen für die Militärfahrzeuge frei und ging dazwischen, wenn Tschechen und Deutsche aneinander gerieten. [...] Bei den Tschechen, die zu Hause geblieben sind, und das ist selbstverständlich der größte Teil, kann man viel mehr Niedergeschlagenheit als Verbitterung feststellen. Ein Traum, den man 20 Jahre lang ausgekostet hat, ist heute zunichte.*

Das Dritte Reich gab sich mit dem Besitz der tschechoslowakischen Randgebiete nicht zufrieden: Am 15. März 1939 besetzten deutsche Truppen die noch verbliebenen Teile der ČSR und rückten auch in Prag ein. Während am Straßenrand wütende tschechische Zivilisten ihren Unmut bekundeten, bejubelten zahlreiche Prager Deutsche die Wehrmachtssoldaten als vermeintliche „Befreier“. Am Abend zog Adolf Hitler persönlich auf der Prager Burg ein, während andernorts in der Stadt bereits politisch unliebsame Personen verhaftet wurden. Hitler verkündete am 16. März die Errichtung des Reichsprotektorats Böhmen und Mähren unter Vorherrschaft des Deutschen Reiches. Emil Hácha blieb zwar nominell Präsident, und es bestand auch eine Protektoratsregierung, doch lag die eigentliche Macht beim „Reichsprotektor" Hans von Neurath und seiner Behörde, vor allem seinem engen Mitarbeiter, dem Staatssekretär und Chef der SS und Polizei im Protektorat, Karl Hermann Frank. Er stammte wie zahlreiche führende Mitarbeiter im Amt des Reichsprotektors aus den mehrheitlich deutschsprachigen Randgebieten der einstigen ČSR, die 1938 als „Reichsgau Sudetenland" an das Deutsche Reich angeschlossen worden waren. Von dort kam auch der Historiker Josef Pfitzner, der zum Prager Primator-Stellvertreter ernannt wurde, bei dem die kommunalpolitischen Fäden zusammenliefen. Er kontrollierte damit unmittelbar die Arbeit des tschechischen Primators Otokar Klapka, der nach einer Denunziation am 9. Juni 1940 verhaftet und nach monatelangen Verhören und Haftzeiten am 4. September 1941 hingerichtet wurde.

### *Tschechischer Widerstand*

Drei Wochen nach dem deutschen Einmarsch funktionierten sowohl die SS-Dienststellen als auch die Gestapo-Leitstelle Prag, die im Petschek-Palais ihren Sitz aufschlug. Dessen Keller wurden zu einem gefürchteten Ort von Verhören, Folterungen und Hinrichtungen. Dennoch demonstrierten im April 1939 beherzte Tschechen offen ihren Protest gegen das neue Regime. Einen Anlass bot etwa die – im Übrigen von den deutschen Behörden selbst geförderte – Überführung der sterblichen Überreste des tschechischen romantischen Dichters Karel Hynek Mácha aus Leitmeritz (Litoměřice) auf den Friedhof am Vyšehrad. Zu vergleichbaren Kundgebungen kam es im Veitsdom oder am Palacký-Denkmal sowie nach Opernaufführungen im Nationaltheater. Am Jahrestag der tschechoslowakischen Staatsgründung, dem 28. Oktober 1939, fand eine große Demonstration statt; deutsche Sicherheitskräfte eröffneten wahllos das Feuer auf die Menge, wobei der Arbeiter

Václav Sedláček tödlich getroffen und der Student Jan Opletal so stark verwundet wurde, dass er am 11. November 1939 starb. Studentische Demonstrationen bei seinem Begräbnis am 15. November bewogen die NS-Behörden zwei Tage später, im Rahmen der „Sonderaktion Prag" alle tschechischen Hochschulen zu schließen. 1200 Studierende wurden ins Konzentrationslager Sachsenhausen eingewiesen. Der 17. November wird seither weltweit als Gedenktag für die akademische Freiheit begangen.

Spätestens ab Mitte November 1939 musste jegliche kritische Arbeit im Untergrund geschehen. Der tschechische Widerstand, der sich etwa aus ehemaligen Armeeangehörigen, aus verbotenen Gruppen der mitgliederstarken Turnervereinigung „Sokol" bzw. aus politisch linken Gruppen rekrutierte, druckte illegale Zeitschriften und Zeitungen und verschaffte bedrohten Menschen Unterschlupf und Nahrung. Denn seit Oktober 1939 waren viele Waren des täglichen Bedarfs im Reichsprotektorat Böhmen und Mähren nur noch auf Bezugskarten erhältlich. Viele Bewohner Prags zeigten etwa durch Flüsterwitze ihre Unzufriedenheit mit dem deutschen Besatzungsregime. Dazu zählte etwa auch das Wortspiel „Protektorát – pro tentokrát" [Das Protektorat – für diesmal], hinter dem eine optimistische Hoffnung auf bessere Zeiten aufschien. Wie in allen von Deutschland okkupierten Städten kamen auch in Prag Handlungen vor, die unter die Rubrik der „Kollaboration" einzuordnen sind. Das Spektrum zwischen solchen Tätigkeiten, die dem persönlichen Eigennutz dienten und anderen, die möglicherweise Dritte schützen sollten, war dabei sehr breit gefächert.

## *NS-Propaganda*

Die NS-Propaganda erklärte unterdessen Prag zu einer „alten deutschen Stadt" und führte zweisprachige Straßenschilder und Hinweistafeln ein. Denkmäler, etwa zu Ehren der tschechoslowakischen Legionäre (beim Emauskloster), des Präsidenten Masaryk (vor dem nach ihm benannten Bahnhof), des Historikers Palacký (am Moldaukai), des französischen Osteuropahistorikers und Fürsprechers der ČSR Ernest Denis (am Kleinseitner Ring) sowie des US-Präsidenten Woodrow Wilson (vor dem Hauptbahnhof) wurden ebenso aus dem Straßenbild entfernt wie die bekannte Plastik des Rabbi Löw von Ladislav Šaloun (1910) am Neuen Rathaus. Zahlreiche Straßen in Prag erhielten 1940 neue Namen: die bisherige Pařížská třída wurde beispielsweise zur Nürnberger Straße, vor dem Hauptbahnhof betraten Prag-Besucher die Richard-Wagner-Straße, und besonders markant waren die Umbenennungen im bisherigen Stadtteil Žižkov (nun: „Veitsberg"), wo Anklänge an die hussitische Tradition weitgehend getilgt wurden. Die „Deutsche Volksbildungsstätte" in der Neustadt präsentierte unter anderem „staatspolitisch wertvolle Filme", während das tschechische Unterhaltungsprogramm in der Regel auf niedrigem Unterhaltungsniveau gehalten wurde. Pläne für propagandistische Großbauten, die bis 1942 entworfen wurden, kamen angesichts des Zweiten Weltkriegs nicht mehr zur Realisierung.

## Prag – ein „Denkmal deutscher Kulturleistung"?

Aus der Einleitung zu einem nationalsozialistischen Reiseführer von 1940:

*Prag ist seit dem 16. März 1939* [...] *die Hauptstadt des Protektorats Böhmen und Mähren im Großdeutschen Reiche.* [...] *Prag, die fünftgrößte Stadt Großdeutschlands, eine der schönstgelegenen Städte der ganzen Erde, breitet sich an den beiden Ufern des Moldaustromes aus. Die Stadt zählt über eine Million Einwohner, die Seehöhe beträgt 179 m (Moldauspiegel) bis 322 m (Laurenziberg) über dem Adriatischen Meere. Die Bevölkerung gehört zum größeren Teil dem tschechischen, zum kleineren Teile dem deutschen Volke an, doch ist Prag als Stadt von den Deutschen gegründet und aufgebaut, wie fast alle Städte im böhmisch-mährischen Raume, insbesondere das historische Prag ist ein Denkmal deutscher Kulturleistung. Als Hauptstadt des Protektorates ist Prag natürlich nicht nur der Sitz aller Zentralämter, sondern auch kulturell, wirtschaftlich und verkehrstechnisch der Mittelpunkt. Es ist im ganzen Protektorate die einzige Stadt mit Großstadtcharakter im europäischen Sinne.*

*Prag ist mehr als tausend Jahre alt. In den letzten Jahrzehnten, besonders in den zwanzig Jahren während des Bestandes der tschecho-slowakischen Republik (1918–1939) wurden in dieser, in ihrem Kern der Vergangenheit treu gebliebenen Stadt zahlreiche Luxus- und Zweckbauten ausgeführt, deren Durchgestaltung mehr auf die Entwicklung der Stadt als auf deren architektonischen Charakter Rücksicht nahmen.*

Seit 1939 wurden Hunderttausende tschechische Bürger zur Zwangsarbeit im Großdeutschen Reich verpflichtet. Deren Zwangsrekrutierung, auch in Prag, erhöhte sich im Verlauf des Zweiten Weltkriegs, vor allem durch den „Totaleinsatz" ganzer Geburtenjahrgänge. Die bedeutenden Industrieanlagen Prags wurden auf die Versorgung des Großdeutschen Reichs mit kriegswichtigen Gütern umgestellt.

## Die Vernichtung der Prager Juden

Den jüdischen Pragern wurden ab dem 21. Juni 1939 die Bestimmungen der Nürnberger Gesetze und weitere Beschränkungen auferlegt. Auf Berufsverbote folgte die Schließung von Schulen, Theatern und Kinos. Der Kriegsbeginn erschwerte zahlreiche Emigrationswege. Nach der Beschlagnahme von Autos und Radios, den „Arisierungen" des Eigentums und der Schaffung so genannter „Judenwohnungen", in denen oft mehrere Familien auf engstem Raum zusammengepfercht leben mussten, kam für Juden das Verbot, bestimmte öffentliche Plätze zu betreten oder die Straßenbahnen zu benutzen, sowie am 1. September 1941 die Anordnung, in der Öffentlichkeit den „Judenstern" zu tragen. Am 13. Oktober 1941 begannen die NS Behörden mit den Deportationen Prager Juden, zunächst nach Łódź („Ghetto Litzmannstadt") im von Deutschland besetzten Polen, später in die aus dem 18. Jahrhundert stammende ehemalige Festungsstadt Theresienstadt am Zusammenfluss von Elbe und Eger. Ausgangspunkt der Deportationen aus Prag war zumeist der zur „Sammelstelle" umfunktionierte Messepalast in Holešovice. Aus dem Konzentrationslager Theresienstadt wurden die meisten Betroffenen in die Vernichtungslager Auschwitz oder Sobibór transportiert und dort ermordet. Von den bei Kriegsbeginn 1939 etwa 39 400 Prager Juden überlebten das Kriegsende lediglich 7540 Personen. Von einem hohen Beamten des Auswärtigen Amtes in Berlin wurde während des Zweiten Weltkriegs offen erklärt, das deutsche Vorgehen gegen die Juden im Protektorat Böhmen und Mähren solle den Tschechen das ihnen selbst später bevorstehende Los vor Augen führen.

Im Jahre 1942 fassten die deutschen Besatzungsbehörden einen zynischen Plan: Aus religiösen und profanen Objekten jüdischer Gemeinden aus allen Teilen der besetzten Tschechoslowakei – insgesamt etwa 100 000 Exponaten – wurde das so genannte Jüdische Zentralmuseum geschaffen, das als „Museum einer untergegangenen Rasse“ deklariert wurde. Ausgerechnet auf diese Weise haben sich zahlreiche materielle Zeugnisse der böhmischen und Prager Juden erhalten.

Eine ebenfalls während der Besatzungsherrschaft von rassistischen Verfolgungen betroffene Gruppe waren in Prag lebende Sinti und Roma, die zunächst in das südböhmische Arbeitslager Lety, von dort später nach Auschwitz deportiert wurden.

## Die „Heydrichiáda“

Die Ernennung des SS-Obergruppenführers und Generals der Polizei Reinhard Heydrich – als Chef des Reichssicherheitshauptamts einer der mächtigsten Männer des NS-Regimes – zum Stellvertretenden Reichsprotektor zog sogleich eine Welle des Terrors und der Willkür nach sich. Gleich nach seinem Amtsantritt in Prag am 27. September 1941 begannen neue Verhaftungen und Verfolgungen von Angehörigen des tschechischen Widerstands, aber auch von verdächtigten Zivilisten. Heydrich erreichte, dass im November 1941 der Prager Magistrat umgebildet und dabei die administrativen Schlüsselpositionen mit deutschen Beamten besetzt wurden; tschechische Mitarbeiter mussten sich deutschen Sprachprüfungen unterziehen. Langfristig beabsichtigte Heydrich, der bald den Beinamen „Schlächter von Prag“ erhielt, eine ethnische Lösung der „tschechischen Frage“. Dies proklamierte er in einer

Geheimrede vor hohen SS-Funktionären auf dem Hradschin am 2. Oktober 1941.

Am 24. April 1942 wurde in Prag der kommunistische Autor und Widerstandskämpfer Julius Fučík verhaftet. Während seiner Haftzeit im Gefängnis Pankrác verfasste Fučík heimlich Notizen unter dem Titel *Reportáž psaná na oprátce* [Reportage, unter dem Strang geschrieben]. Darin schilderte er unter anderem die Gestapo-Verhöre im Prager Petschek-Palais: *Das ‚Kino'* [...] *war das Vorzimmer einer Folterkammer, aus der man das Stöhnen und die Schreckensschreie der anderen hörte, ohne zu wissen, was einem selbst bevorstand. Man sah von hier gesunde, starke und muntere Menschen weggehen und nach zwei, drei Stunden Verhör verkrüppelt und gebrochen zurückkehren. Man sah hier Menschen, die mit hellem und offenem Blick weggingen, einen aber nicht mehr in die Augen sehen konnten, wenn sie zurückkamen.* Fučík selbst hielt dem Druck der Folter möglicherweise nicht stand und soll der Gestapo einige Verstecke gesuchter Widerstandskämpfer preisgegeben haben. Diese erst nach 1989 bekannt gemachte These hat sein Bild, das zu kommunistischer Zeit heroisiert worden war, in den vergangenen Jahren etwas getrübt. Fučík wurde von Prag nach Deutschland überführt und am 8. September 1943 in Berlin-Plötzensee hingerichtet.

### *„Operation Anthropoid"*

Der tschechische militärische Widerstand gegen Heydrich wurde unterdessen von der tschechoslowakischen Exilregierung in London unterstützt. Eine der spektakulärsten Aktionen war das Attentat, das die Fallschirmspringer Jozef Gabčík, Jan Kubiš und Josef Valčík im Rahmen der „Operation Anthropoid" am 27. Mai 1942 in Prag verübten. Als Heydrich im offenen Wagen im Stadtteil Libeň unterwegs war und sein Dienstwagen wegen einer Haarnadelkurve mit verlangsamtem Tempo fuhr, wurde er von einer Handgranate verletzt, die die Widerstandskämpfer in sein Auto geworfen hatten. Dabei handelte es sich um die erfolgreichste Aktion einer Widerstandsgruppe gegen einen hohen NS-Funktionär in einem von Deutschland okkupierten Land: Heydrich wurde durch die

Explosion schwer verletzt und erlag am 4. Juni 1942 seinen Verwundungen. Die Attentäter fanden in der orthodoxen Kirche St. Kyrill und Method in der Prager Neustadt Zuflucht. Doch wurde im Zuge einer äußerst brutalen Terrorwelle der Besatzer die Kirche am 18. Juni 1942 von etwa 700–800 deutschen Soldaten und SS-Männern umstellt, die den Auftrag hatten, die Attentäter lebendig zu ergreifen. Diese verteidigten sich erbittert. Nachdem die SS die Krypta, in die sich Gabčík, Kubiš und Valčík geflüchtet hatten, fluten ließ, nahmen sich die Widerstandskämpfer das Leben.

Nach dem Tod Heydrichs begann eine bis dahin nicht gekannte, von blutiger Willkür gekennzeichnete Terrorwelle gegen die tschechische Zivilbevölkerung, die so genannte „Heydrichiáda". Etwa 10 000 Menschen wurden vorläufig festgenommen. Zuvor waren bereits am 9. Juni von einem SS-Kommando im 20 Kilometer von Prag entfernten Dorf Lidice in einer Willküraktion alle männlichen Bewohner über 15 Jahren erschossen, sowie alle Frauen und Kinder in Konzentrationslager eingeliefert worden, während das Dorf selbst dem Erdboden gleichgemacht wurde. Die NS-Behörden hatten die Dorfbewohner verdächtigt, die Attentäter beherbergt zu haben. Auch im Stadtgebiet von Prag, am Schießplatz von Kobylisy, erschossen deutsche Soldaten zwischen Mai und Oktober 1942 insgesamt 442 zumeist unbeteiligte Zivilisten, aber auch den Bischof der Tschechischen Orthodoxen Kirche, Gorazd (Matěj Pavlík), der die Attentäter versteckt hatte, und den Chef der Protektoratsregierung, General Alois Eliáš. Die NS-Behörden schlossen in Prag zahlreiche tschechische Gymnasien und Mittelschulen. Manche von ihnen wurden in deutsche Schulen und Heime der Hitlerjugend umfunktioniert.

Die sowjetischen Militärerfolge gegenüber der deutschen Wehrmacht ab 1943 belebten dennoch den durch die „Heydrichiáda" geschwächten tschechischen Widerstand. In den letzten Kriegsjahren war daher in Prag ein gigantisches Aufgebot an Polizeikräften im Einsatz, und in den internen Lageberichten des NS-Regimes aus diesem Zeitraum scheint auf, dass die Situation von Berlin aus als im Grunde nicht mehr kontrollierbar eingeschätzt wurde.

Mahnmal für die ermordeten Kinder von Lidice. Von den 105 Kindern überlebten nur 17 den Zweiten Weltkrieg; 82 wurden im NS-Vernichtungslager Kulmhof (Chełmno) ermordet. Die Bildhauerin Marie Uchytilová entwarf bereits 1969 ein Denkmal für diese Kinder, das nach ihrem Tod in den Jahren 1989–2000 von ihrem Gatten Jiří V. Hampl vollendet wurde.

In den letzten Kriegswochen traten andere radikalisierende Faktoren hinzu: Das Protektorat Böhmen und Mähren und insbesondere seine Hauptstadt Prag wurden zu einem Sammelbecken für deutsche Umsiedler und Personen, die NS-Behörden aus Ostpreußen und Schlesien „evakuiert" hatten. Zu ihnen kamen versprengte Wehrmachtseinheiten, die sich vor der Roten Armee aus Schlesien zurückgezogen hatten.

Seit November 1944 geriet Prag auch in den Radius amerikanischer Bomber. Am folgenreichsten war der Fliegerangriff vom 14. Februar 1945 mit ca. 700 Toten. Zerstört wurden mehrere Häuser im Stadtzentrum, Industriebetriebe, Teile des mittelalterlichen Emausklosters und die Synagoge von Vinohrady. Ein weiterer schwerer Angriff am 25. März 1945 richtete sich vor allem gegen die Stadtteile Libeň und Vysočany und forderte erneut ca. 350 Menschenleben.

# Von der Befreiung zur kommunistischen Diktatur

## Der Prager Aufstand

Am 4. Mai 1945 begannen in Prag Gruppen, die dem Tschechischen Nationalrat angeschlossen waren, mit dem Übermalen und Abschlagen deutscher Inschriften und dem Hissen tschechoslowakischer Flaggen in der Stadt. Der Rundfunk, dessen sich die Widerstandskämpfer zuvor bemächtigt hatten, rief in den Mittagsstunden des 5. Mai zum bewaffneten Aufstand auf. Dazu gehörte Mut, befanden sich doch im Großraum Prag noch etwa 80 000 Wehrmachtsangehörige der Heeresgruppe Mitte, mehrere SS-Divisionen und funktionierende Gestapo-Strukturen. Zunächst konnten die Teilnehmer des „Prager Aufstands" einige Anfangserfolge verbuchen. Aus dem Umland herbeigerufene Wehrmachts- und SS-Einheiten eroberten wichtige Positionen zurück. Mit ihnen lieferten sich die Aufständischen im gesamten Stadtgebiet erbitterte Kämpfe. Am 7. Mai brach im neugotischen Anbau des Altstädter Rathauses ein Feuer aus, in dessen Folge wesentliche Bestände des Prager Stadtarchivs – etwa 70 000 Bände – vernichtet wurden und die berühmte Astronomische Uhr schweren Schaden nahm. Strategisch wichtige Punkte waren das Gebäude des Tschechoslowakischen Rundfunks in Vinohrady sowie die Gefängnisbauten im Stadtteil Pankrác, um die sich SS-Einheiten verschanzt hatten. Die tschechischen Aufständischen wurden auch von der 1. Division der Russischen Befreiungsarmee (ROA) von General Andrej Wlasow unterstützt, der ursprünglich mit dem Dritten Reich kollaboriert, nun aber die Seiten gewechselt hatte. Allgemein hoffte man in der Prager Bevölkerung, dass sich die bis Pilsen (Plzeň) vorgerückten US-Truppen an der Einnahme Prags beteiligen würden; diese blieben jedoch nach einer Vereinbarung mit der Roten Armee hinter einer festgelegten Demarkationslinie etwa 100 Kilometer westlich Prags zurück.

Am 8. Mai kapitulierte der für Prag zuständige Wehrmachtsgeneral Rudolf Toussaint gegen die Zusage eines freien Abzugs. Allerdings hielten sich nicht alle SS-Einheiten an den vereinbarten Waffenstillstand. Am 9. Mai 1945 nahmen sowjetische Einheiten die tschechoslowakische Hauptstadt im Rahmen der so genannten Prager Offensive ein. Ihr Vortrupp war am Flughafen Ruzyně gelandet und stieß dort kaum noch auf Widerstand. Am Tag zuvor waren die Angehörigen der Wlasow-Armee nach Pilsen abgerückt, da sie nicht von ungefähr eine Bestrafung durch die Rote Armee fürchteten. Diejenigen Prager Deutschen, die nicht mit der Wehrmacht im Rahmen des Truppenabzugs die Stadt fluchtartig verlassen hatten, wurden zunächst in Internierungslagern inhaftiert.

## Wiederaufbau

Nach sechs Jahren des Exils kehrte am 16. Mai 1945 Staatspräsident Edvard Beneš triumphal nach Prag zurück. Die bereits gegen Kriegsende gebildete Nationale Front (Národní fronta) aus sozialistischen, liberalen und kommunistischen Kräften setzte sich für eine Bodenreform, für die Verstaatlichung von Banken und Versicherungen und die Bestrafung und Enteignung von Kriegsverbrechern und Kollaborateuren sowie die Aussiedlung der Deutschen aus der ČSR ein. Schon unmittelbar nach der Befreiung Prags nahmen die öffentlichen Dienstleistungs- und Versorgungsbetriebe ihre Tätigkeit wieder auf. Dann begann auch der Wiederaufbau zerstörter Gebäude. Die Ringhoffer-Tatra-Werke in Smíchov, die als Rüstungsbetrieb für die NS-Wirtschaft produziert hatten, gingen in tschechoslowakischen Staatsbesitz über. Sodann begann die Abrechnung mit den Verantwortlichen für die nationalsozialistischen Verbrechen der Jahre 1939–1945. Der Primator-Stellvertreter Josef Pfitzner wurde etwa vom Außerordentlichen Volksgericht Prag zum Tode verurteilt und in Pankrác am 6. September 1945 öffentlich hingerichtet. Am 22. Mai 1946 folgte die Exekution von Karl-Hermann Frank.

Aufgrund der Potsdamer Beschlüsse kam es zwischen März und Oktober 1946 zur Ausweisung von insgesamt 19 732 Prager Bürgern deutscher Nationalität, während 2795 Prager Deutschen das Bleiberecht gewährt wurde. Dabei handelte es sich zum einen um Personen aus deutsch-tschechischen Ehen, zum anderen um anerkannte Antifaschisten.

## Stalinistischer Umsturz

Von der trotz der Freude über die Befreiung in der Bevölkerung verbreiteten Stimmung politischer Ernüchterung bei Kriegsende konnte vor allem die Kommunistische Partei der Tschechoslowakei (KSČ) profitieren, die in der Bevölkerung über einen relativ starken ideellen Rückhalt verfügte. Dank ihrer Erfolge in den Parlamentswahlen am 26. Mai 1946, zu denen nur die vier Parteien der Nationalen Front zugelassen worden waren, wuchs ihr Einfluss. Außerdem war es der KSČ seit 1945 gelungen, wichtige Schlüsselressorts im Geheimdienst, bei staatlichen Organen und in der Armee mit eigenen Anhängern zu besetzen, wogegen die Vertreter der anderen Regierungsparteien vergeblich Einspruch erhoben. Auf Weisung Josef Stalins musste außerdem im Juli 1947 die eigentlich geplante und bereits zugesagte Teilnahme der Tschechoslowakei am Wiederaufbauplan der USA (Marshall-Plan) abgesagt werden. Die innenpolitische Situation spitzte sich Anfang 1948 zu: Am 20. Februar 1948 reichten nach einer schweren Regierungskrise 13 nichtkommunistische Minister bei Staatspräsident Beneš ihr Rücktrittsgesuch ein. Einzig der beliebte Außenminister Jan Masaryk, ein Sohn des Staatsgründers und ersten tschechoslowakischen Staatspräsidenten Tomáš G. Masaryk, blieb in seinem Amt. Die KSČ nutzte die Situation aus, organisierte Massenkundgebungen und rief für den 24. Februar einen Generalstreik aus, mit dem das gesamte Land lahm gelegt werden sollte. Die Presse- und Meinungsfreiheit wurde stark eingeschränkt, die gegenüber den Kommunisten kritische Zeitung *Svobodné slovo* [Freies Wort] sogar verboten. 5000 Gegendemonstranten – vor allem Lehrer, Journalisten und Studenten –, denen es gelungen war, auf die Burg zu Staatspräsident Edvard Beneš vorzudringen, um ihn ihrer Unterstützung zu versichern, wurden später geheimdienstlich verfolgt. Staatspräsident Beneš blieb keine andere Wahl, als am 25. Februar die Demission der nichtkommunistischen Minister zu akzeptieren. Der seit Mai 1946 amtierende kommunistische Ministerpräsident Klement Gottwald konnte die frei gewordenen Stellen durch KSČ-Mitglieder ersetzen und ebnete so den Weg für die vollständige kommunistische Umgestaltung des Landes. Damit begann eine stalinistische Säuberungs- und Überwachungswelle, die alle Lebensbereiche erfasste und die Bevölkerung in Schach hielt. Jan Masaryk, der pro forma zunächst im Amt geblieben war, sich aber insgeheim auf seine Emigration nach Großbritannien vorbereitete, wurde am 10. März 1948 unter einem Fenster seines Amtssitzes, des Czernín-Palais, tot aufgefunden. Lange wurde kontrovers diskutiert, ob er sich durch einen Sturz aus dem Fenster das Leben genommen habe oder ermordet worden sei. Nach jüngeren Untersuchungen, bei denen bisher geheim gehaltene Unterlagen herangezogen wurden und eine Involvierung sowjetischer Geheimdienstagenten aufgedeckt werden konnte, ist wohl die zweite Option wahrscheinlicher. Edvard Beneš, der sich im Mai 1948 weigerte, eine neue kommunistische Verfassung anzuerkennen, musste am 7. Juni von seinem Amt zurücktreten und zog sich aus der Politik zurück.

### *Sozialistische Ideologie*

Der politische Umsturz, durch den die ČSR zur „Volksrepublik" wurde, machte sich auch im Prager Stadtbild bemerkbar. Bereits im Laufe des Jahres 1948 wurden mehrere Straßen umbenannt. Ein bis dahin nach Zar Peter I. benannter Platz erhielt beispielsweise die Bezeichnung „Platz der Oktoberrevolution" (Náměstí Říjnové revoluce). Um den Einfluss des in der Hauptstadt traditionell einflussreichen Bürgertums endgültig zu brechen, wurde außerdem eine große Verwaltungsreform eingeleitet. Prag wurde zu einem Teil des so genannten Pražský kraj [Prager Bezirks] mit 16 Teilbezirken. Am 28. Oktober 1948, dem 30. Jahrestag der tschechoslowakischen Staatsgründung, trat eine Kommission zusammen, die für die kommenden Jahrzehnte die Entwicklung der Stadt festlegen sollte, etwa im Hinblick auf den Siedlungs- und Verkehrswegebau. Sie plante auch die Errichtung eines riesigen, 15,5 Meter hohen und 22 Meter langen Stalin-Denkmals.

## Die „Verherrlichung Stalins"

1949–1955 entstand auf der Letná-Anhöhe das größte Stalin-Denkmal der Erde überhaupt. Es sollte die ideologische Nähe von Sowjetunion und Tschechoslowakei symbolisieren, weshalb die vorausschreitende, überdimensionierte Figur Stalins auch von Vertretern der Arbeiter, Bauern, Intelligenz und kämpfenden Einheiten beider Staaten flankiert wurde. Aus diesem Anlass wurde auch die Pariser Straße renoviert, um eine perfekte Sichtachse auf das die Innenstadt dominierende Denkmal zu eröffnen. Bei dessen Fertigstellung kamen sechs Arbeiter ums Leben. Der Planer des Denkmals, Otakar Švec, nahm sich im Jahr der Enthüllung das Leben, kurz nach ihm auch seine Frau, da beide der ständigen Kontrolle durch die Geheimpolizei nicht standhielten.
Das Stalin-Denkmal sollte schon wenige Jahre später zum Ärgernis werden.

Etwas anachronistisch wirkte hingegen am 14. Juli 1950 die Einweihung des bronzenen Reiterdenkmals für Jan Žižka vor dem Vítkov-Denkmal, entworfen von Bohumil Kafka. Es ist nicht nur die größte Reiterstatue der Welt, sondern eigentlich auch ein typisches, wenngleich verspätetes Produkt der Zwischenkriegs-Republik.

Auch auf anderer Ebene trug die Propaganda der KSČ zur Verherrlichung der sozialistischen Ideologie bei. Ein Museum zu Ehren Klement Gottwalds und ein anderes für Wladimir I. Lenin (unter anderem zur Erinnerung an dessen Prager Aufenthalt, 1912) dienten diesem Zwecke ebenso wie öffentlichkeitswirksame Demonstrationen in den Straßen Prags. Im Schatten dieser Kundgebungen zu bestimmten kommunistischen Feiertagen, die nach außen hin Zustimmung und Einheit der Bevölkerung versinnbildlichen sollten, ging das Regime mit brutaler Härte gegen politische Gegner vor. Im Rahmen der „Akce K" schloss das Regime 1950 zahlreiche katholische Klöster und verhaftete die darin lebenden Mönche. Vertreter der antikom-

Das 1962 gesprengte Stalin-Denkmal auf der Letná-Höhe. – Fotografie, 1960.

munistischen Opposition, aber auch zahlreiche nichtkommunistische Bürger wurden verhaftet, viele unter ihnen wurden hingerichtet, um die Bevölkerung einzuschüchtern. Das prominenteste Opfer war die Frauen- und Bürgerrechtlerin Milada Horáková, die bereits während der deutschen Besetzung in Konzentrations- und Zwangsarbeiterlagern eingesperrt gewesen war und nach 1948 ihre Stimme gegen die Kommunisten erhob. In einem international beachteten Schauprozess wurde sie wegen „Spionage", „umstürzlerischem Verhalten" und „antisowjetischer Konspiration" in Prag zum Tode verurteilt und am 27. Juni 1950 trotz internationaler Proteste hingerichtet. Doch selbst vor innerparteilichen „Säuberungen" und Gewaltakten schreckte die politische Führung nicht zurück, wie der Slánský-Prozess des Jahres 1952 bewies: Sein Hauptopfer wurde Rudolf Slánský, zwischen 1945 und 1951 Generalsekretär der KSČ und damit ein Konkurrent Klement Gottwalds. Unter dem Vorwand, „Leiter eines staatsfeindlichen Verschwörerzentrums" gewesen zu sein, sowie unter Instrumentalisierung antisemitischer Feindbilder wurde Slánský im November 1952 nach einem Schauprozess zum Tode verurteilt und am 3. Dezember 1952 exekutiert.

Mit dem 1. Mai 1953 begann das staatliche Tschechoslowakische Fernsehen (Československá televize, ČST) mit der Ausstrahlung von Sendungen. Ähnlich wie die Parteizeitung *Rudé právo* [Rotes Recht] wurde das Fernsehen zu einem Träger ideologischer Vorgaben; allerdings konnten sich in bestimmten Sparten, etwa beim Kinderfilm, auch Nischen für kritische Regisseure herausbilden.

Nach dem Tod von Klement Gottwald am 14. März 1953 wurde das bis dahin tschechoslowakisch-national konnotierte Vítkov-Denkmal zu einem „Mausoleum" für den stalinistischen Diktator umfunktioniert. Damit sollte auch in der Tschechoslowakei die aus der UdSSR bekannte Zurschaustellung der einbalsamierten Leichname kommunistischer Spitzenpolitiker eingeführt werden. Allerdings musste der Gottwald-Leichnam im Jahre 1962 wieder aus dem Mausoleum entfernt und kremiert werden, da die Mumifizierung des Diktators technisch unsachgemäß durchgeführt worden war. Das Interesse der Prager Bevölkerung an dem Vítkov-Denkmal hatte sich ohnehin stark in Grenzen gehalten.

## Plattenbau und sozialistischer Realismus

Die gesellschaftliche Umgestaltung zeigte sich in den 1950er-Jahren auch auf dem Kultursektor. Für manche Künstler und Intellektuelle, die in der Zwischenkriegszeit an linke Utopien geglaubt und daher den Umsturz zunächst begrüßt hatten, folgte unter dem Eindruck des von oben verordneten „sozialistischen Realismus“ in Literatur, bildenden Künsten und Architektur eine tiefe Ernüchterung. Ein prominentes bauliches Beispiel für diese Stilrichtung bildet das 1952–1954 erbaute Hotel International in Dejvice mit seiner elaborierten, heute bereits als exotisch empfundenen Innenausstattung. Die sich verschlechternde Wirtschaftslage und die Notwendigkeit, in der Hauptstadt für den starken Zuzug von Bürgern rasch Wohnraum zu schaffen, bewirkte ein Umdenken: Im Jahre 1958 fiel der grundlegende Beschluss zum Bau von Plattenbausiedlungen in und um Prag. Im Jahr 1960 wurde eine erneute Verwaltungsgliederung mit neuen Eingemeindungen durchgeführt, die das Stadtgebiet auf eine Fläche von 185,6 Quadratkilometern erweiterten. Damals wurden die Stadtbezirke Praha 1 bis Praha 10 geschaffen, die im Großen und Ganzen bis in die Gegenwart fortbestehen. Auf gesamtstaatlicher Ebene wurde aus der bisherigen Tschechoslowakischen Republik (Československá republika, ČSR) die Tschechoslowakische Sozialistische Republik (Československá socialistická republika, ČSSR), um auch nominell mit der bürgerlichen Vergangenheit zu brechen.

## Spartakiaden

Zu den kommunistischen Massenveranstaltungen, mit denen die Idee der Sokolfeiern der Zwischenkriegszeit an die neuen Verhältnisse angepasst wurden, gehörten die seit 1955 im Fünfjahresrhythmus (mit Ausnahme von 1970) veranstalteten Spartakiaden, deren Hauptaustragungsort das Große Stadion von Strahov war. Die Tradition der Spartakiaden war 1920 als kommunistisches Gegenmodell („Arbeiterolympiaden“) zu den bürgerlich-liberalen Sokolfeiern in Prag begründet worden.

*Der Reiz dieser Auftritte beruht in ihrer großartigen Massenwirkung. Die Fläche des Stadions verwandelt sich in eine aus menschlichen Antlitzen und Körpern bestehende blühende Wiese. Gerade dieses Stadion hat es ermöglicht, daß hier während einer Spartakiade auf der Übungsfläche nahezu eine halbe Million Kinder, Jungen und Mädchen, Männer und Frauen einander ablösen könnten. [...] Die Spartakiade-Übungen beeindrucken vor allem durch ihre imposante Mächtigkeit: Die auf sechshunderttausend*

*Quadratmeter schwellenden Reihen halten mit tadelloser Selbstzucht präzise Deckung ein und wirbeln dabei in überraschenden Wendungen. Deshalb gehen auch die Farbfilme von der Spartakiade in die ganze Welt hinaus.* [...] *Die Spartakiaden sind stets ein großes nationales Fest, sie werden zuvor in den einzelnen Gemeinden im ganzen Staatsgebiet abgehalten, sodann in den Kreis- und Bezirksstädten, um ihren imposanten Gipfelpunkt gerade hier in Prag in dem Stadion von Strahov, dem größten der Welt, zu finden. An diesen Tagen beherbergt Prag mindestens noch eine weitere Million Menschen. Und diese weitere Million ist gleichfalls von Begeisterung hingerissen.*
(Alois Svoboda: Prag, Praha 1964)

## „Prager Frühling" 1968

Erste Anzeichen einer durch die Entstalinisierung in der Sowjetunion bewirkten Lockerung der – auch im Vergleich mit anderen Ostblockstaaten – rigorosen Polizei- und Verwaltungsmaßnahmen in der ČSSR zeigten sich um 1960. Am 9. Mai 1960 verkündete die KSČ eine erste Teilamnestie für politische Häftlinge. Auf Weisung der sowjetischen Parteiführung wurde außerdem im November 1962 das Prager Stalin-Denkmal auf der Letná gesprengt. Eine Reihe von politischen Gefangenen wurde noch im Mai 1962 entlassen.

Viele Kulturschaffende begriffen die leichten Anzeichen einer Öffnung zu Beginn der 1960er-Jahre als Signal für einen neuen Aufbruch. Zum international bekanntesten Ausdruck der neuen Sinnsuche weiter Kreise der Gesellschaft wurde die „neue Welle" (Nová vlna) des tschechoslowakischen Films, die den internationalen Trends der Zeit entsprach, indem ihre Protagonisten etwa die „new wave" US-amerikanischer oder die „nouvelle vague" französischer Cineasten kreativ aufgriffen. In den Filmstudios von Barrandov entstanden bekannte, alles andere als linientreue Produktionen der Regisseure Ján Kadár und Elmar Klos (*Obchod na korze/Das Geschäft in der Hauptstraße*, 1965), Jiří Menzel (*Ostře sledované vlaky/Liebe nach Fahrplan*, 1966), Karel Kachyňa (*Kočár do Vídně/Wagen nach Wien*, 1966), Věra Chytilová (*Sedmikrásky/Tausendschönchen*, 1966),

Miloš Forman (etwa *Hoří, má panenko/Der Feuerwehrball*, 1967), Vojtěch Jasný (*Všichni dobří rodáci/Alles gute Landsleute*, 1968), und vieler anderer. Alle diese Regisseure waren Absolventen der weltweit renommierten Prager Filmhochschule FAMU (Filmová fakulta Akademie múzických umění).

Mit diesem filmischen Aufbruch korrespondierte eine nach dem stalinistischen Terror neu erwachte Kreativität vieler Schriftsteller wie Pavel Kohout, Milan Kundera oder Josef Škvorecký. Bohumil Hrabals umfangreiches Werk – etwa der 2006 von Jiří Menzel verfilmte, aber schon 1971 veröffentlichte Roman *Obsluhoval jsem anglického krále/Ich habe den englischen König bedient* – weist phantastisch überhöhte Bezüge zu Prag und seiner Geschichte auf. Als Dramatiker gewann in Verbindung mit dem Divadlo Na zábradlí [Theater Am Geländer] damals bereits Václav Havel an Bedeutung. Auch in der Malerei, der Bildhauerei, der Grafik und der Fotografie war Prag seinerzeit zum wiederholten Male ein wichtiges Zentrum.

## *Das Manifest der 2000 Worte*

Auf die leisen Anzeichen einer Öffnung folgten seitens des Regimes keine weiteren inhaltlichen Auseinandersetzungen mit der stalinistischen Diktatur. Forderungen nach wirtschaftlichen Reformen des planwirtschaftlichen Systems ignorierte die Parteispitze. Dabei hatte sie nicht damit gerechnet, dass der enorm hohe Organisationsgrad in der ČSSR ausgerechnet viele einfache Parteimitglieder frustriert zurücklassen würde. Sie waren der KSČ mit der Aussicht auf eine Besserung ihrer Lebenssituation beigetreten und sahen nun ihre Erwartungen enttäuscht. Als wichtiges gesamtstaatliches Problem entwickelten sich ferner die Emanzipationsbestrebungen der slowakischen Kommunisten unter ihrem jungen Funktionär Alexander Dubček, die sich gegen die Zentralisierung des Landes wandten. Schließlich kam es zu einem innerparteilichen Machtkampf der KSČ, einer Konfrontation von Stalinisten und Reformkommunisten. Alexander Dubček übernahm am 5. Januar 1968 das Amt des Generalsekretärs der KSČ, und schließlich trat am 22. März Antonín Novotný als Staatspräsident zugunsten von Ludvík

Svoboda zurück. Am 5. April verkündete die KSČ ihr *Aktionsprogramm* (*Akční program*), in der die Forderung nach einem „Sozialismus mit menschlichem Antlitz" erhoben wurde. Infolge einer gesamtgesellschaftlichen politischen Belebung konstituierte sich als erste nicht parteigebundene Organisation der „Klub engagierter Parteiloser" (Klub angažovaných nestraníků, KAN). Doch trotz der Beendigung der Pressezensur und weiterer Erleichterungen war der neuen Parteiführung keineswegs an einer echten Liberalisierung und Demokratisierung gelegen. Ihr war inzwischen das Heft aus der Hand geglitten: Die kritische Öffentlichkeit meldete sich in Texten und Forderungen zu Wort, und an diesem Diskurs beteiligten sich sogar Teile des kommunistischen Reformflügels. Der Dichter Ludvík Vaculík, selbst KSČ-Mitglied, stellte am 27. Juni in den *Literární noviny* [Literaturzeitung] sein berühmtes Manifest *Dva tisíce slov* [2000 Worte] vor, das allerdings wegen seiner offenen Aufforderung zur Demokratisierung des gesamten öffentlichen Lebens bei der Parteiführung auf harsche Ablehnung stieß.

Der sowjetische Parteichef Leonid I. Breschnew verkündete unterdessen die nach ihm benannte Breschnew-Doktrin, die für den Fall, dass das kommunistische Regime in einem Lande bedroht sei eine Intervention anderer Warschauer-Pakt-Staaten legitimieren sollte. Er selbst beabsichtigte damit wohl in erster Linie, den diplomatischen Druck auf Dubček zu erhöhen. Da dieser dessen ungeachtet nicht von seinem Aktionsplan ablassen wollte, fiel Anfang August 1968 die Entscheidung der übrigen Parteiführungen der Warschauer-Pakt-Staaten (mit Ausnahme Rumäniens), die Meinungsverschiedenheiten mit militärischen Mitteln zu regeln.

## Sowjetische Panzer auf dem Wenzelsplatz

In der Nacht vom 20. auf den 21. August 1968 marschierten in Prag wie in der gesamten ČSSR Truppen von fünf Warschauer-Pakt-Staaten (UdSSR, DDR, Polen, Ungarn, Bulgarien) ein. Auf dem Flughafen Ruzyně landeten sowjetische Kampfflugzeuge mit Geheimdienstagenten und Kampftruppen.

Prager Bürger protestieren gegen die Invasion, August 1968, und umringen Panzer mit sowjetischen Soldaten.

Ihnen folgten bald Panzer und schwere Militärfahrzeuge nach, die im gesamten Stadtgebiet schwere Schäden anrichteten. Panzer beschossen zum Beispiel des Gebäude des Nationalmuseums am Wenzelsplatz. Schließlich wurde auch – mit Unterstützung prosowjetischer tschechoslowakischer Geheimdienstagenten – das Gebäude des staatlichen Rundfunks in Vinohrady eingenommen. Beim Heranrücken sowjetischer Panzer wurde eine letzte Nachricht ausgestrahlt: *Freunde, wenn ihr auf dieser Frequenz Euch unbekannte Stimmen vernehmt, heißt das, dass bereits nicht mehr der Tschechoslowakische Rundfunk sendet, das legale Organ der Regierung. Wenn Euch irgendjemand irgendetwas sagt – unsere Waffen sind Ruhe und passiver Widerstand. Lasst Euch nicht provozieren. Jeder muss zur Stelle sein, sehen und Bescheid wissen, diskutieren und sagen: „Kehrt um, das ist unsere Heimat, unser Land!“* An mehreren Stellen des Stadtgebiets forderte der Einmarsch Tote. Die Bevölkerung leistete passiven Widerstand, der jedoch nach wenigen Tagen weitgehend gebrochen wurde. Zehntausende Tschechen sahen angesichts dieser hoffnungslosen Situation ihre einzige Zukunftschance in der Emigration ins westliche Ausland. Die Bevölkerung des Landes versank angesichts ihrer Ohnmacht in einen Zustand der Lethargie.

Aus Protest gegen die sowjetische Okkupation verbrannte sich der Geschichtsstudent Jan Palach am 16. Januar 1969 als „lebende Fackel" auf dem Wenzelsplatz und starb drei Tage später im Krankenhaus an den Folgen seiner schweren Verbrennungen. Sein Begräbnis am 25. Januar wurde zu einem machtvollen Bekenntnis gegen die sowjetische Okkupation des Landes. Heute erinnern ein in das Pflaster des Wenzelsplatzes vor dem Nationalmuseum eingelassenes Metallkreuz, eine Gedenkstätte unterhalb des Wenzeldenkmals sowie eine von dem Bildhauer Olbram Zoubek gestaltete Gedenktafel am Gebäude der Philosophischen Fakultät der Karlsuniversität an Palach. Palachs Beispiel folgte am 25. Februar 1969 auch der Eisenbahnfachschüler Jan Zajíc.

Zu einem landesweit gefeierten Triumph wurde der Sieg der tschechischen über die sowjetische Mannschaft bei der Eishockeymannschaft in Schweden am 28. März, der in eine große antisowjetische Demonstration mündete. Der vom tschechoslowakischen Geheimdienst vorgetäuschte Anschlag gegen die Niederlassung der sowjetischen Fluggesellschaft Aeroflot in der Truhlářská ulice (einer vom Platz der Republik/Náměstí Republiky ausgehenden Straße) provozierte neue Proteste. Am 17. April trat Alexander Dubček von allen Parteiämtern zurück. Die Reformkommunisten in der Parteispitze wurden durch Kader ersetzt, die Moskau treu ergeben waren. Als zum Jahrestag des Einmarschs vom 18. bis 21. August etwa 100 000 Menschen in Prag auf die Straße gingen, um friedlich ihren Unmut kund zu tun, griff mit Billigung der seit April tätigen Parteiführung unter Generalsekretär Gustav Husák das Militär gewaltsam gegen die Demonstrierenden ein. Dieses Vorgehen stand am Beginn der später als „Normalisierung" bezeichneten Phase. Allen Verlagen und Druckereien wurde nun wieder eine rigide Zensur auferlegt. Viele bisherige KSČ-Mitglieder verloren durch Parteiausschluss ihr Mitgliedsbuch, andere traten aus eigenen Stücken aus.

## Passiver Widerstand am ersten Jahrestag des Einmarschs

Am 22. August 1969 war im *Journal de Genève* zu lesen:
*Prag beugt sich nicht. Seit 48 Stunden begeht die Stadt ungeachtet aller Vorkehrungen den Jahrestag des 21. August 1968, der einen Traum beendete, den sie für wahr gehalten hatte. Ungeachtet der Ausführungen von Staatspräsident Svoboda, der Drohungen Husáks und Aufrufen aller Art, selbst seitens Dubčeks, hat die ganze Stadt erneut in einer bewundernswerten Einmütigkeit gegen den Einmarsch der russischen Panzer und die von ihnen aufoktroyierte Lebensweise protestiert. Die Hinweise zum ‚passiven Widerstand' wurden beinahe allgemein eingehalten. Wie es die illegalen Flugblätter zuvor gefordert hatten, verkehrten die Verkehrsmittel ohne Fahrgäste, die Geschäfte blieben leer und Cafés und Restaurants ohne Kundschaft. Fünf Minuten lang ruhte mittags in den Fabriken die Arbeit, und der Verkehr stand still, wobei ein ohrenbetäubendes Hupkonzert ertönte. Dies betrifft eine gesamte oder fast eine gesamte Bevölkerung und lässt sich nicht übersehen.* […]

## Charta 77 versus „Brutalismus"

Ungeachtet des angespannten, sozial und politisch eingeengten Klimas setzte sich in den 1970er-Jahren der weitere Ausbau Prags fort. Für den Bau der Untergrundbahn und der Nord-Süd-Magistrale, einer breiten Stadtautobahn zur Aufnahme des Durchgangsverkehrs, wurde 1973 die Klement-Gottwald-Brücke über ein tief eingeschnittenes Moldau-Seitental bei Nusle errichtet. Dass sie ausgerechnet den Namen des unbeliebten Stalinisten Gottwald erhielt, deutete auf eine mentale Rückkehr der KSČ zur Zeit vor den Reformen hin. Am 9. Mai 1974, dem 25. Jahrestag der Befreiung Prags durch die Rote Armee, gingen die ersten sieben Kilometer der Metro, mit deren Bau man 1966 begonnen hatte, in Betrieb. Außerdem wurde das Stadtgebiet, wie bereits in den Vorjahren, erneut um einige Umlandgemeinden erweitert. Damit wurde Raum für den geplanten Siedlungsgürtel geschaffen, der Prag vor allem im Süden und Südwesten mit riesigen Plattenbausiedlungen umgeben sollte.

In den Jahren 1974 bis 1980 erreichte die Anlage von Plattenbausiedlungen in Prag ihren Höhepunkt. Die Südstadt (Jižní město) und die Südweststadt (Jihozápadní město) wurden nach einheitlichem Schema und unter Verwendung vorgefertigter Bauelemente als Wohngebiete für Zehntausende von Bürgern hochgezogen, außerdem im Nordosten mit dem Bau einer Umgehungsautobahn begonnen. Die Zug um Zug ausgebauten Metrolinien sowie neue Straßenbahn- und Buslinien schlossen die Massen-Wohngebiete an die innerstädtischen Bezirke und damit an die meisten Arbeitsstätten an. In der Realität mussten Prager Bürger mehrere Jahre auf die Zuteilung einer Neubauwohnung in einem der Blocks warten; ihr enger Zuschnitt schränkte zudem die Lebensqualität erheblich ein und förderte eine Atmosphäre gegenseitiger sozialer Kontrolle.

Auf die Dauer gesehen konnte auch die „Normalisierung" die wachsende Unzufriedenheit in der Bevölkerung nicht mit Gewalt unterdrücken. Von Kindesbeinen an lernten die Menschen, dass es zwei „Wahrheiten" gab: auf der einen Seite die offiziell von Parteiorganen und Medien verkündete und in der Öffentlichkeit und in den Schulen wiederholte sowie auf der anderen Seite die private, hinter verschlossener Tür und vorgehaltener Hand geäußerte. In den 1970er-Jahren stießen die Einparteienherrschaft der KSČ und ihr rücksichtsloses Vorgehen gegen Andersdenkende bei zahlreichen Intellektuellen auf Ablehnung. Akademiker, Schriftsteller, Schauspieler und bildende Künstler mit zum Teil sehr unterschiedlichem sozialen Hintergrund schlossen sich in der Bürgerrechtsbewegung „Charta 77" zusammen. Den äußeren Anlass schuf das Verbot der Band „The Plastic People of the Universe" im Jahre 1976 und die Inhaftierung und Verurteilung ihrer Mitglieder wegen „Erregung öffentlichen Ärgernisses". Die „Chartisten" beriefen sich auf die auch von der ČSSR ratifizierte KSZE-Schlussakte von Helsinki (1975) zur Wahrung der Menschen- und Bürgerrechte. Die KSČ organisierte daraufhin als ideologische Gegenkraft die so genannte Anticharta. Auf ihrem großen Kongress am 28. Januar 1977 trat unter anderen auch der Schlagersänger Karel Gott auf.

Die Geheimpolizei, die über ihr gut organisiertes Spitzelsystem Einblicke in viele Dissidentenkreise hatte, verhörte stundenlang führende Unterzeichner der Charta 77, unter anderem den Philosophen Jan Patočka, einen ihrer Sprecher; er starb am 13. März 1977 an den Folgen dieser Schikanen.

## Die 1980er-Jahre

In den 1980er-Jahren zeichnete sich der wirtschaftliche und politische Niedergang des kommunistischen Regimes in der ČSSR immer deutlicher ab. Die Dissidenten, die bis dahin in der Grauzone einer Parallelwelt gelebt hatten, trauten sich zunehmend in die Öffentlichkeit und traten verstärkt in Erscheinung. Neben ihrem Einsatz für bürgerliche Freiheiten und der Hilfe für inhaftierte Gesinnungsfreunde ging es ihnen auch um Fragen der Ökologie. Zudem verbreiteten sich bei jüngeren Menschen alternative, nicht konforme Lebensformen, die vom „Underground" praktiziert wurden. Vom Regime verbotene Literatur zirkulierte in illegalen Samisdat-Druckausgaben. Um die Bevölkerung wenigstens in materieller Hinsicht zufriedenzustellen, errichteten die Stadt- und Staatsbehörden in Prag große Kaufhäuser mit einem breiten Warenangebot (Kotva, Máj und andere) in der Nähe wichtiger Metrostationen. Der Bau der meisten von ihnen musste jedoch von ausländischen, zum Teil sogar westlichen Baufirmen übernommen werden, da die technische Ausstattung der einheimischen Betriebe dafür nicht ausreichend gewesen wäre. Diese Kaufhäuser sollten ihren Kunden den scheinbaren Erfolg der sozialistischen Ökonomie vorgaukeln. In ähnlicher Absicht wurde im Jahre 1983 das von Grund auf sanierte Nationaltheater wiedereröffnet. Neben der Rekonstruktion des Altbaus war es um die so genannte Neue Bühne (Nová scéna) erweitert worden. Dem Komplex mehrerer Aufführungsräume hatte ein ehemaliges Kloster weichen müssen. Unter den Neuerungen befand sich auch das zur Weltausstellung in Brüssel 1958 von dem Regisseur Alfred Radok und dem Bühnenbildner Josef Svoboda entwickelte Avantgardetheater Laterna Magika.

Plattenbausiedlungen und Hochhausbauten aus kommunistischer Zeit im südlichen Prager Stadtteil Pankrác.

Zu den architektonischen Prestigeprojekten der 1980er-Jahre zählten ferner das gigantische Kongresszentrum Prag, die Hochhäuser im Stadtteil Pankrác und der Fernsehturm von Žižkov. Diese Bauten, die aufgrund ihrer Massigkeit stilistisch dem „Brutalismus" zugeordnet werden, sollten bewusst neue Akzente im historischen Stadtpanorama setzen. Die 1985 errichtete Brücke von Barrandov diente der Entlastung der Moldaubrücken im historischen Stadtgebiet. Doch auch im Zentrum kam es zu kleineren Veränderungen, zum Beispiel der Neugestaltung des Wenzelsplatzes mit Grünanlagen. Die im Bereich des Můstek und der Straße Am Graben angelegte Fußgängerzone sollte auswärtigen Gästen das Anliegen des sozialistischen Staates dartun, die Lebensqualität im Stadtzentrum zu verbessern. Indessen drängte sich nur wenige Straßen weiter nach wie vor der Autoverkehr durch enge Altstadtgassen, deren baulicher Verfall immer offensichtlicher wurde. Anlässlich des Besuchs des sowjetischen Generalsekretärs Michail Gorbatschow wurden 1987 der Altstädter Ring saniert und verkehrsberuhigt sowie das Altstädtische Rathaus restauriert. Größere Infrastrukturmaßnahmen jener Zeit betrafen die vorbereitete Erweiterung des Metro-Netzes und die Neuregelung der Strom- und Wasserversorgung für die Großstadt.

# Wendezeiten

## Die „samtene Revolution“

Bereits im August und Oktober 1988 fanden in Prag Demonstrationen der sich zunehmend formierenden politischen Opposition gegen die Machtfülle der KSČ statt. Die äußeren Anlässe boten der 20. Jahrestag der Invasion und der 80. Jahrestag der tschechoslowakischen Staatsgründung. Am Tag der Menschenrechte, dem 10. Dezember 1988, wurde auf dem Škroupovo náměstí eine erste genehmigte Demonstration abgehalten. Diesen Protesten schlossen sich immer mehr Menschen an, so dass die Lage für den Staat außer Kontrolle zu geraten drohte. Während der illegalen „Palach-Woche“ im Februar 1989 gingen die Staatssicherheitsorgane gewaltsam gegen die Demonstranten

Studentische Demonstration am 17. November 1989 auf der Nationalstraße. Auf dem Transparent im Hintergrund das vom hussitischen Wahlspruch „Veritas vincit“ hergeleitete Motto „Pravda zvítězí“ (Die Wahrheit siegt). – Fotografie von Pavel Hroch.

vor. Sie konnten den Lauf der Dinge, der durch die gewandelte Haltung der UdSSR, die Liberalisierung Polens, die Öffnung des Eisernen Vorhangs an der österreichisch-ungarischen Grenze und schließlich die Entwicklung in der DDR beschleunigt wurde, nicht mehr aufhalten.

Prag wurde im Herbst 1989 auch zu einem wichtigen Symbolort für die politische Wende in die DDR. Auf dem Botschaftsgelände der Bundesrepublik Deutschland versammelten sich ab August 1989 Tausende ausreisewillige DDR-Bürger. Die Regierung der DDR gestattete 17 000 von ihnen am 30. September die geregelte Ausreise in die Bundesrepublik; am 3. November hoben die Behörden der ČSSR alle bis dahin geltenden Ausreisebeschränkungen auf und trugen damit nicht unwesentlich zum wenige Tage später erfolgenden Fall der Berliner Mauer bei.

15 000 Prager Hochschüler, die sich zum 50. Jahrestag der Studentenproteste gegen die deutsche Besetzung 1939 am 17. November 1989 zu einer genehmigten Kundgebung auf dem Universitätscampus in Albertov versammelten, zogen im Anschluss an diesen offiziellen Teil zunächst auf den Wenzelsplatz, dann in die Nationalstraße weiter. Dort wurde die friedliche Kundgebung von Sicherheitskräften mit äußerster Härte aufgelöst, es gab mehrere Verletzte. Damit aber war das Eis gebrochen: Die Aktion mündete in einen unbefristeten Studentenstreik, dem sich auch die Schauspieler der Theater anschlossen. Am 19. November konstituierte sich im Theater Činoherní klub [Schauspielclub] das „Bürgerforum" (Občanské Forum, OF) als Plattform der Dissidenten, Demonstranten und reformwilligen Kräfte.

## Ein englischer Osteuropahistoriker in Prag

Timothy Garton Ash, britischer Historiker und Augenzeuge der Prager Ereignisse vom Herbst 1989, äußerte sich zur Frage, ob die Entwicklung im Herbst 1989 als „Revolution" bezeichnet werden könne, wie folgt:

[...] *Ich erinnere mich, dass dies während der Ereignisse selbst vielfach diskutiert wurde. Ich erinnere mich an eine Diskussion in der Laterna Magika, als – fünf Minuten vor der Pressekonferenz, auf der der Welt verkündet werden sollte, was das Bürgerforum zu tun gedenke, jemand sagte: „Warum sollten wir dies eine Revolution nennen? Eine Revolution ist schließlich ein gewaltvoller Vorgang." Anstatt also über die Ansage zu diskutieren, verbrachte ich die verbliebenen fünf Minuten mit Martin Palouš und den anderen über der Frage, ob wir dies eine Revolution nennen könnten. Tatsächlich müssen wir sie stets näher bestimmen: wir nennen sie eine „sanfte", eine „friedliche", eine „evolutionäre" Revolution, jemand hat sogar vorgeschlagen, eher von Wiedergeburt als von Revolution zu sprechen. Ich nenne dies „Refolution" – eine Mischung aus Revolution und Reform.* [...]

Bei einer Massendemonstration auf dem Wenzelsplatz riefen am 24. November der Bürgerrechtler Václav Havel und der einstige Reformkommunist Alexander Dubček gemeinsam das Politbüro der KSČ zum Rücktritt auf. Die Kundgebungen auf der Letná am 25./26. November wurden zur vermutlich größten Demonstration in der Geschichte des Landes. Zu den Unterstützern des Umbruchs zählte neben vielen auch der greise Prager katholische Erzbischof Kardinal František Tomášek, der aufgrund seines offenen Widerspruchs gegen das kommunistische Regime in den 1980er-Jahren eine hohe Autorität genoss. Am 29. Dezember 1989 wählten die Abgeordneten der Nationalversammlung Václav Havel zum ersten nicht-kommunistischen Staatspräsidenten. Mit der Abhaltung der ersten allgemeinen und freien Wahlen fand die politische „Wende" in der Tschechoslowakei ihre Vollendung.

## Aufbruchstimmung

Kaum eine Epoche seiner Geschichte hat das Erscheinungsbild und das soziale Gefüge Prags in so dramatischer Weise verändert wie die Jahre seit dem politischen Umbruch, für die Journalisten und Wissenschaftler die Begriffe „Nach-Wende-Zeit" oder „Transformation" eingeführt haben. Als Symbol dieser neuen Zeit wurde 1991 auf dem Sockel des einstigen Stalin-Denkmals auf der Letná das Prager Metronom (Pražský metronom) aufgestellt, eine bewegliche Skulptur, die für die Überwindung der Diktatur steht.

Man ging daran, das zum Teil von akutem Verfall bedrohte, da in kommunistischer Zeit vernachlässigte Stadtzentrum mit hohem finanziellem und denkmalpflegerischem Aufwand zu restaurieren. 1992 gelangte es in seiner Gesamtheit auf die Liste des UNESCO-Weltkulturerbes. Dabei stand die Stadt in den 1990er-Jahren vor der großen Herausforderung, Bau- und Restaurierungsmaßnahmen und einen bis dahin ungeahnten Massentourismus miteinander in Einklang bringen zu müssen. Wenngleich viele historisch wertvolle Bauten gerettet werden konnten, gestalteten sich zugleich die sozialen Veränderungen für viele Anwohner drastisch: Gestiegene Mietpreise entvölkerten weitgehend die Innenstadt; an die Stelle einer funktionierenden, differenzierten Infrastruktur, häufig noch mit kleinen Geschäften und vertrauten Kaffeehäusern, Restaurants und Gaststätten, traten Souvenirläden, Luxusgeschäfte und oft überteuerte Massenlokale, die bei vielen Pragern ein Gefühl der Entfremdung hervorriefen.

Bauliche Veränderungen betrafen aber nicht nur das Stadtzentrum. Bereits im Jahre 1990 wurden zahlreiche ideologisch belastete Straßennamen erneut umbenannt. So wurde aus der Leninstraße (Leninova třída) die Europastraße (Evropská třída) oder aus der Klement-Gottwald-Brücke die Brücke von Nusle (Nuselský most). Ebenfalls 1990 wurde die vom kommunistischen Regime noch geplante Errichtung weiterer Plattenbausiedlungen gestoppt und lediglich im Bau befindliche Hochhäuser fertig gestellt.

Staatsbesuche und Großveranstaltungen – zum Beispiel Sportwettbewerbe, Weltmeisterschaften und Rockkonzerte – unterstrichen das wieder wachsende Interesse des Auslands an Prag und der Tschechoslowakei. Prag wurde abermals, wie schon in der Zwischenkriegszeit, zu einer internationalen Metropole und zum bevorzugten Wohnsitz für Zehntausende von Ausländern, namentlich junge Amerikaner, die das Leben für ein paar Jahre in einer postsozialistischen Stadt als besonders spannend empfanden. Während die englische Sprache zunehmend das äußere Bild der Stadt prägte, vermochten sich die tschechischen und slowakischen Politiker nicht auf gemeinsame Lösungen für die anstehenden politischen Probleme des öffentlichen Lebens einigen – obwohl in den Grundlinien wie dem Aufbau einer liberalen Marktwirtschaftweit und dem Anschluss an NATO und EU durchaus Einigkeit herrschte.

## Prag – Hauptstadt der Tschechischen Republik seit 1993

Mit dem Jahresbeginn 1993 war Prag nicht mehr Hauptstadt der Tschechoslowakei, sondern der aus ihrer friedlichen Teilung hervorgegangenen Tschechischen Republik. Im selben Jahr nahmen in Prag die zentralen Verfassungsorgane des neuen Staates und zahlreiche andere Einrichtungen ihre Arbeit auf. Doch auch nach innen hin fand in den 1990er-Jahren eine Verwaltungsreform statt: 1995 wurde die Gliederung der Stadtteile noch einmal reformiert; die einzelnen Bezirke erhielten zugleich ein größeres Mitspracherecht gegenüber der Gesamtstadt zugesprochen.

Neben den zahlreichen Renovierungs- und Restrukturierungsmaßnahmen an seinem baulichen Altbestand war Prag außerdem bemüht, neue Akzente im Stadtbild zu setzen. Die größte Aufmerksamkeit erlangte ein 1996 fertig gestelltes Bürohaus des tschechisch-kroatischen Architekten Vlado Milunić und seines kanadischen Kollegen Frank O. Gehry an der Ecke Moldaukai/Jirásek-Platz, das aufgrund seiner extravaganten, bei vielen Prager nicht unumstrittenen Gestaltung „Tanzendes Haus“ (Tančící dům) oder auch (in Anspielung auf Ginger Rogers und Fred Astaire) „Ginger und Fred“ genannt wurde. Zwischen der Straße Am Graben und dem Obstmarkt entstand anstelle eines früheren Ausstellungspavillons die moderne Einkaufspassage „Palác Myslbek“. Von vielen Touristen unbemerkt, aber für die Bevölkerung bedeutend waren Neubauten in den Prager Außenbezirken, etwa die Anlage riesiger Einkaufszentren („hypermarkety“), häufig an den Endstationen der Metrolinien, etwa in Černý Most oder in Zličín, bzw. in der Nähe der Autobahnausfahrten.

Das nicht unumstrittene „Tanzende Haus“ der Architekten Vlado Milunić und Frank O. Gehry.

Bereits 1990 ging Prag Städtepartnerschaften ein mit den deutschen Städten Hamburg, Frankfurt am Main und Nürnberg; 1991 folgten Bamberg (mit dem Stadtteil Prag 6), 1995 Berlin und 2008 Bayreuth. Im Jahre 2000 machte Prag als „Europäische Kulturhauptstadt“ (ein Titel, den es sich mit

Avignon, Bergen, Bologna, Brüssel, Helsinki, Krakau, Reykjavik und Santiago de Compostela teilte) viel von sich reden, es folgten Großkonferenzen supranationaler Einrichtungen wie des Internationalen Währungsfonds (IWF) und der NATO (2001).

Im August 2002 wurden alle flussnahen Stadtviertel von einem der bisher größten Moldauhochwasser betroffen, mit immensen Schäden für Kulturgüter (etwa Museen und Archive), öffentliche Einrichtungen, aber auch für Privatwohnungen, deren Bewohner zuvor großflächig evakuiert worden waren. Überflutet wurden außerdem mehrere Metrostationen, die noch monatelang außer Betrieb blieben.

In den vergangenen Jahren war die Prager Öffentlichkeit angesichts einer Reihe von kontroversen Projekten polarisiert. Dazu zählte zum einen im Jahr 2007 die Bewerbung Prags für die Austragung Olympischer Sommerspiele 2016, die aber scheiterte, zum anderen der schließlich nicht verwirklichte, extravagante Plan des tschechisch-britischen Architekten Jan Kaplický für den Neubau der Nationalbibliothek auf der Letná-Anhöhe im Stil der so genannten Blob-Architektur.

Während dieser Entwicklungen erfolgte auch in Prag eine intensive Auseinandersetzung mit der kommunistischen Vergangenheit. Neben emotional geführten Debatten über die Rolle, die einzelne Personen in den Jahren vor 1989 innerhalb des staatlichen Sicherheitsapparats gespielt hatten, erfolgt auch eine quellengestützte geschichtswissenschaftliche Aufarbeitung. Der Künstler Olbram Zoubek hat unterdessen 2002 am Újezd, am Fuße des Petřín, ein Denkmal für die Opfer des Kommunismus geschaffen, das an Körper und Geist geschundene, eine Treppe herabsteigende Figuren zeigt. Die Geschichtsaufarbeitung ist eingebettet in eine insgesamt stark an historischen Themen ausgerichtete städtische und staatliche Kulturpolitik. Das belegt etwa eine Reihe von großen biografischen Ausstellungen in den vergangenen Jahren – zu Rudolf II., Karl IV., zu Wallenstein und anderen –, aber auch etwa die jüngste Umgestaltung des nach 1989 zunächst sinnentleerten Vítkov-Denkmals in Žižkov zu einem Museum der tschechischen und tschechoslowakischen Staatlichkeit im 20. Jahrhundert.

In wirtschaftlicher Hinsicht bildet Prag eines der bedeutendsten Zentren der Tschechischen Republik. Neben der nach wie vor florierenden Filmindustrie sind der Fremdenverkehr und die verarbeitetende Industrie wichtige Einnahmequellen. Zu deren Haupterzeugnissen zählen Produkte der Nahrungsmittel-, Metallwaren- und Maschinenbau-, Baustoff- und Transportmittel-, optischen und chemischen Industrie. Im Vergleich zum Landesdurchschnitt ist die Zahl der Arbeitslosen in Prag verhältnismäßig gering. Allerdings stellen die relativ hohen Lebenshaltungskosten in der Hauptstadt sowie die Auswirkung der globalen Wirtschaftskrise, vor allem der damit einhergehende Rückgang des Außenhandels sowie ausländischer Investitionen, die Prager Bevölkerung vor enorme Schwierigkeiten. Die sozialen Unterschiede sind in den vergangenen zwei Jahrzehnten seit der politischen Wende stark gewachsen.

# Apotheosa Prahy

Im schnellen Durchlauf durch etwa zwölf Jahrhunderte Prager Geschichte sind wir in der Gegenwart angekommen. Da der Historie die Gabe der Weissagung künftiger Entwicklungen fehlt, mit der etwa die sagenumwobene Fürstin Libuše ausgestattet gewesen sein soll, müssen wir an dieser Stelle innehalten. Wir haben vor unserem geistigen Auge enge Altstadtgassen und prachtvolle Boulevards durchschritten, sind in zahlreiche Kirchen und Paläste eingetreten, aber auch in bürgerliche Wohnhäuser und Arbeiterviertel – und haben schließlich trostlose Plattenbausiedlungen angesehen. Häufig kreisten unsere Schritte um den Hradschin, die Prager Burg, in der, so weit die böhmischen Chroniken zurückreichen, Herzöge, Könige, Kaiser und Staatspräsidenten residierten. Wir haben künstlerische Artefakte bestaunt, literarische und musikalische Werke bewundert und die Früchte täglicher Arbeit in Augenschein genommen. Gelegentlich haben sich aber auch Abgründe menschlicher Unvollkommenheit und deren Konsequenzen aufgetan.

In der Vergangenheit hat man mehrfach versucht, das Besondere an Prag durch Hinzufügen bestimmter Adjektive zu definieren: man huldigte etwa dem „magischen“, dem „geheimnisvollen“, dem „unvergänglichen“, dem „wundersamen“, dem „unheimlichen“, dem „faszinierenden“, dem „poetischen“, dem „goldenen“ oder dem „hunderttürmigen“ Prag. Solche Epitheta eignen sich als wohlklingende Titel von Bildbänden, legen aber gleichzeitig ein gewisses Unvermögen ihrer Autoren an den Tag, die Essenz der Stadt und ihrer Geschichte auf rationale Weise zu erfassen.

Was ist aber nun das Besondere an Prag, mit dem es seit Jahrhunderten Einheimische und Besucher gleichermaßen in seinen Bann zieht? Vermutlich ist es die allenthalben spürbare historische Kontinuität einer europäischen Metropole, zu der es nördlich der Alpen kaum Vergleichsbeispiele gibt. Ohne allzu große Übertreibung lässt sich daher Prag an die Seite von alten Städten wie Rom oder Istanbul/Konstantinopel stellen. In

seiner geschichtlichen Entwicklung stand Prag mehrfach am Rande großer Katastrophen, denen es gelegentlich nur um Haaresbreite entkam: die Zeiten religiöser Gegensätze, militärischer Besatzung und politischer Fremdherrschaft forderten jeweils ihren Zoll; doch die Stadt selbst existierte stets weiter und entwickelte sich fort. Ihre Bewohner schufen Neuerungen, manchmal auch verstörend für einige Zeitgenossen, und pflegen doch eine enge Verbindung zu ihrem geschichtlichen Erbe. Prag präsentiert sich heute in der Tat allen, die darin zu lesen vermögen, wie ein aufgeschlagenes Geschichtsbuch. Auf seinen Seiten finden wir anrührende lokale Begebenheiten neben prägenden Ereignissen der Landesgeschichte und vielen gesamteuropäischen Bezügen. Über dem Balkon des Prager Gemeindehauses befindet sich ein Jugendstil-Mosaik von Karel Spillar mit dem Titel *Die Verherrlichung Prags (Apotheosa Prahy)*. Die große Lünette umgibt ein Zitat des Dichters Svatopluk Čech, das sich geradezu wie eine leitmotivische Zusammenfassung dieser Erkenntnis, in die Form eines zukunftsorientierten, stets aktuellen Wunsches gekleidet, liest: *Zdar Tobě Praho! Vzdoruj času zlobě jak odolalas věky bouřím všem! [Heil dir Prag! Biete der Zeit der Bosheit die Stirn, wie du über die Jahrhunderte allen Stürmen standgehalten hast!]*.

◀ Prag von seiner bekanntesten Seite:
Blick vom Altstädter Brückenturm über die Karlsbrücke
zur Kleinseite und zum Hradschin.

# Zeittafel

| | |
|---|---|
| 5.–6. Jh. n. Chr. | Einwanderung von Slawen in die Böhmischen Länder |
| 9. Jh. | Gründung der Prager Burg (Hradschin) |
| 9. Jh.–1306 | Herrschaft der Přemysliden in Böhmen |
| um 926 | Bau der Veitsrotunde auf dem Hradschin |
| um 965 | Bericht des jüdisch-arabischen Kaufmanns Ibrahim Ibn Jakub |
| 973 | Gründung des Bistums Prag |
| 993 | Gründung der Abtei Břevnov durch Bischof Adalbert |
| 995 | Durchsetzung der Vormachtstellung der Přemysliden gegenüber den Slavnikiden in Böhmen |
| 1061–1092 | Herrschaftssitz vorübergehend auf dem Vyšehrad |
| um 1170 | Errichtung der Judithbrücke in Prag |
| um 1230 | Stadtrecht der Prager Altstadt als königliche Stadt |
| 1257 | Gründung der Prager Kleinseite als königliche Stadt |
| 1300 | Beginn der Prägung der Prager Groschen |
| 1310 | Johann von Luxemburg König von Böhmen |
| 1320 | Gründung der Prager Burgstadt (Hradschin) |
| 1338 | Errichtung des Rathauses der Prager Altstadt |
| 1344 | Erhebung des Bistums Prag zum Erzbistum |
| 1346–1378 | Karl IV. von Luxemburg König von Böhmen |
| 1348 | Gründung der Prager Neustadt als königliche Stadt<br>Gründung der Universität Prag (Studium generale) |
| 1356 | Goldene Bulle Kaiser Karls IV. |
| 1357ff. | Bau der Karlsbrücke durch Peter Parler |
| 1391 | Bau der Betlehemskapelle für die Predigt in tschechischer Sprache |
| 1402 | Magister Jan Hus Prediger an der Betlehemskapelle |
| 1409 | Kuttenberger Dekret Wenzels IV. |
| 1415 | Märtyrertod von Jan Hus beim Konzil von Konstanz |
| 1419–1437 | Hussitenkriege |
| 1419 | Erster Prager Fenstersturz |
| 1420 | Sieg der Hussiten über ein Kreuzfahrerheer Sigismunds von Luxemburg am Vítkov-Hügel und am Vyšehrad |
| 1458–1471 | Georg von Podiebrad König von Böhmen |
| 1526–1918 | Herrschaft der Habsburger über die Böhmischen Länder |

| | |
|---|---|
| 1547 | Aufstand der böhmischen Stände |
| 1556 | Niederlassung der Jesuiten in Prag |
| 1584–1612 | Prag unter Kaiser Rudolf II. Residenzstadt |
| 1598 | Hradschin im Rang einer königlichen Stadt |
| 1609 | Bestätigung der Religionsfreiheit im Majestätsbrief |
| 1618 | Zweiter Prager Fenstersturz und Beginn des böhmischen Ständeaufstands |
| 1618–1648 | Dreißigjähriger Krieg |
| 1620 | Schlacht am Weißen Berg |
| 1621 | Öffentliche Hinrichtung von 27 Aufständischen am Altstädter Ring |
| 1627 | „Verneuerte Landesordnung“ |
| 1631–1632 | Sächsische Besetzung |
| 1648 | Besetzung der Kleinseite und des Hradschin durch Schweden |
| 17. Jh. | Ausbau Prags zur barocken Festung |
| 1741 | Besetzung Prags durch ein französisch-bayerisch-sächsisches Heer |
| 1757 | Schlacht bei Prag und preußische Belagerung |
| 1784 | Gründung der Königlichen Hauptstadt Prag aus den bis dahin selbständigen Städten Altstadt, Neustadt, Kleinseite und Hradschin |
| 1845 | Anschluss Prags ans Eisenbahnnetz (Linie Prag–Wien) |
| 1848 | Prager Slawenkongress<br>Revolution in Prag |
| 1850 | Eingemeindung der Josephstadt (Josefov) |
| 1861 | Tschechische Mehrheit im Prager Magistrat |
| 1862–1882 | Bau des Nationaltheaters |
| 1866 | Prager Friede: Ende des Deutschen Bundes |
| 1882 | Teilung der Prager Universität in eine tschechische und eine deutsche Hochschule |
| 1883 | Eingemeindung von Vyšehrad |
| 1884 | Eingemeindung von Holešovice-Bubny |
| 1890 | Großes Moldauhochwasser |
| 1891 | Jubiläums-Landesausstellung |
| 1893 | Beginn der Sanierung der Josephstadt und der Altstadt |
| 1895 | Ethnographische Ausstellung |
| 1901 | Eingemeindung von Libeň |
| 1914–1918 | Erster Weltkrieg |

| | |
|---|---|
| 1918 | Ende der Habsburger Monarchie; Prag Hauptstadt der Tschechoslowakischen Republik |
| 1922 | Schaffung von Groß-Prag durch Eingemeindung von 37 Kommunen, darunter zehn Städte |
| 1939 | Einmarsch deutscher Truppen |
| 1939–1945 | Prag Hauptstadt des Protektorats Böhmen und Mähren |
| 1942 | Attentat des tschechoslowakischen Widerstands gegen den stellvertretenden Reichsprotektor Reinhard Heydrich und nachfolgende Terrorwelle („Heydrichiáda") |
| 1945 | Prager Aufstand: Befreiung Prags und Besetzung durch die Rote Armee; Rückkehr von Edvard Beneš aus dem Exil in London |
| 1948 | „Februar-Umsturz" in Prag: kommunistische Machtübernahme |
| 1968 | „Prager Frühling" und Einmarsch der Warschauer-Pakt-Staaten |
| 1969 | Proteste gegen die Intervention; Beginn der „Normalisierung" |
| 1973 | Prager Vertrag: diplomatische Beziehungen zwischen BRD und ČSSR |
| 1974 | Inbetriebnahme der Prager Metro (Untergrundbahn) |
| 1977 | Charta 77 als Plattform einer Bürgerrechtsbewegung gegen Menschenrechtsverletzungen in der ČSSR |
| 1989 | Prag Hauptschauplatz der „samtenen Revolution": Beendigung der kommunistischen Herrschaft |
| 1992 | Innenstadt UNESCO-Weltkulturerbe |
| 1993 | Teilung der Tschechoslowakei: Prag Hauptstadt der Tschechischen Republik |
| 1999 | Beitritt der Tschechischen Republik zur NATO |
| 2000 | Europäische Kulturhauptstadt |
| 2002 | Jahrhunderthochwasser mit schweren Schäden |
| 2004 | Beitritt der Tschechischen Republik zur Europäischen Union |
| 2007 | Bewerbung um Olympische Sommerspiele 2016 |
| 2008 | Städtepartnerschaft mit Bayreuth |
| 2010 | US-Präsident Barack Obama und der russische Präsident Dimitrij A. Medwedew unterzeichnen Atomwaffen-Abrüstungsvertrag auf der Prager Burg |

# Literatur

Die Literatur zur Kultur und Geschichte Prags ist so umfangreich, dass sie in ihrer Vollständigkeit kaum zu überblicken ist. Dies betrifft sowohl historische, kunst- und literaturhistorische Gesamtdarstellung als auch Monographien zu Einzelthemen. Viele deutschsprachige Darstellungen wurden zu einer Zeit geschrieben, die von einer einseitigen Sichtweise geprägt war; diese Werke können daher heute nicht mehr als vertiefende Literatur empfohlen werden. Der Autor ist sich bewusst, dass die folgende Zusammenstellung nur eine subjektive Auswahl bildet.


Arens, Detlev: DuMont Kunstreiseführer Prag, Köln 2010.

Bělina, Pavel / Hájek, Jan / Hlavačka, Milan / Klimek, Antonín / Kokoška, Stanislav / Kučera, Jan P. / Kuděla, Jiří / Láník, Jaroslav / Novotný, Vladimír / Pokorný, Jiří / Vlk, Jan: Dějiny Prahy II. Od sloučení pražských měst v roce 1784 do současnosti, Praha–Litomyšl 1998.

Burton, Richard: Prague. A cultural and literary history, Oxford 2003.

Demetz, Peter: Prague in Black and Gold. The History of a City, London u. a. 1997 [dt. Ausg.: Prag in Schwarz und Gold. Sieben Momente im Leben einer europäischen Stadt, München 1998].

Gerle, W[olfgang] A[dolf]: Prag und seine Merkwürdigkeiten. Ein Wegweiser für Fremde. Dritte, umgearbeitete Auflage, Prag 1836.

Halamíčková, Jana (Hg.): Prag, Frankfurt am Main–Leipzig 1998.

Herzogenberg, Johanna Baronin: Prag. Ein Führer, München–New York [9]1997.

Ledvinka, Václav / Pešek, Jiří: Praha. Dějiny českých měst, Praha 2000.

Margolius, Ivan: Prag. Ein Führer zur Architektur des 20. Jahrhunderts, Köln 1996.

Niederle, Helmuth A. (Hg.): Europa erlesen. Prag, Klagenfurt/Celovec 1998.

Paces, Cynthia: Prague Panoramas. National Memory and Sacred Space in the Twentieth Century, Pittsburgh 2009.

Ripellino, Angelo Maria: Praga Magica, Torino 1973 [dt. Ausg.: Magisches Prag, Tübingen 1982].

Schürer, Oskar: Prag. Kultur, Kunst, Geschichte, München–Brünn [4]1935.

Staňková, Jaroslava / Štursa, Jiří / Voděra, Svatopluk: Pražská architektura. Významné stavby jedenacti století, Praha 1990.

Státníková, Pavla / Vlk, Jan / Čornej, Petr / Kučera, Jan P. / Mikulec, Jiří / Bělina, Pavel: Dějiny Prahy I. Od nejstarších dob do sloučení pražských měst (1784), Praha–Litomyšl 1997.

Sudhoff, Dieter / Schardt, Michael M. (Hg.): Prager deutsche Erzählungen, Stuttgart 1992 (Reclams Universal-Bibliothek 8771).

Svoboda, Alois: Prag. Das tausendjährige hunderttürmige Prag in Stadtwanderungen – ein intimer Führer durch Prags Schönheiten, Denkmäler, Sehenswürdigkeiten und romantische Winkel, Praha 1964.

# Ortsregister (Prag)

## Ortsregister (allgemein)

## Personenregister

## Bildnachweis

akg-images: 99 (Bildarchiv Monheim)
Archiv hlavního města Prahy [Archiv der Hauptstadt Prag]: 71, 76, 102
Herzog Anton Ulrich Museum Wolfenbüttel, Kunstmuseum des Landes Niedersachsen: 39 (Museumsfotograf)
Herzog August Bibliothek Wolfenbüttel: 54 (Graph. A3:69.1)
http://commons.wikimedia.org: 13, 51, 84, 92, 131, 148 (Che), 154 (Chosovi)
Nach: Danyel Adam z Weleslavjna: Kalendář Hystorycký. Krátké a Summowný poznamenánj wssechnech dnůw gednohokaždeho Měsyce přes cely Rok, Praha 1590: 59
Nach: Die österreichisch-ungarische Monarchie in Wort und Bild. Böhmen (1. Abtheilung), Wien 1894: 43
Nach: Die österreichisch-ungarische Monarchie in Wort und Bild. Böhmen (2. Abtheilung), Wien 1896: 25, 56, 94
Nach: Match. L'hebdomadaire de l'actualité mondiale, 23. März 1939: 122
Národní galerie v Praze [Nationalgalerie Prag]: 88
Národní knihovna v Praze [Nationalbibliothek Prag]: 18, 31
Sammlung Eva Hahn, Augustfehn: 118
Sammlung Tobias Weger, Oldenburg: 17, 33, 40, 47, 74, 105, 113, 114
ullstein bild: 29 (Archiv Gerstenberg), 65, 66 (Imagno), 111, 117 (Imagno), 137 (Reitz), 143 (dpa), 149 (ČTK), 158 (Imagebroker.net)

Stadtplan: © Falk Verlag, D-73751 Ostfildern
Hintere Umschlaginnenseite: ullstein bild – Imagno
Umschlagrückseite: wave 111/pixelio.de (Die Astronomische Uhr am Rathausturm)